《图说名人》编委会 编著

巴尔扎克
文坛拿破仑

Baerzhake
Wentan Napolun

图书在版编目（CIP）数据

文坛拿破仑——巴尔扎克／《图说名人》编委会编著．－－海口：南海出版公司，2015.9（2022.3重印）
ISBN 978-7-5442-7939-0

Ⅰ．①文… Ⅱ．①图… Ⅲ．①巴尔扎克，H.D.（1799～1850）－传记 Ⅳ．①K835.655.6

中国版本图书馆CIP数据核字（2015）第204812号

WENTAN NAPOLUN——BAERZHAKE

文坛拿破仑——巴尔扎克

编　　著	《图说名人》编委会
责任编辑	张爱国　冰落
出版发行	南海出版公司　电话：（0898）66568511（出版） （0898）65350227（发行）
社　　址	海南省海口市海秀中路51号星华大厦五楼　　邮编：570206
电子信箱	nhpublishing@163.com
经　　销	新华书店
印　　刷	永清县晔盛亚胶印有限公司
开　　本	787毫米×1092毫米　1/16
印　　张	7
字　　数	80千
版　　次	2015年12月第1版　2022年3月第2次印刷
书　　号	ISBN 978-7-5442-7939-0
定　　价	36.00元

南海版图书　版权所有　盗版必究

前言 TUSHUOMINGREN

如果说海明威代表了美国的精神，那巴尔扎克就是法国社会的一面镜子。没有哪一个作家像巴尔扎克一样，仅仅用笔就为我们呈现了他所处时代的巴黎的风情。直到今天，我们对巴黎的印象仍离不开巴尔扎克的描摹，虽然时间已过了一百多年。

伟大的小说家不仅为读者呈现精彩的故事，更重要的是让读者通过故事了解那个时代的风貌。历史学家通过线索去找寻过往，而优秀的小说家是给未来的人们呈现他所处时代的历史。

巴尔扎克不同于雨果，他书中的立意没有那样沉重的社会责任感，他只是把那些在巴黎发生的一切通过故事、通过语言、通过一个小小的配饰，像录像机一样为我们展现开来。

巴黎浮华的空气同样感染了他，让他渴望着成名，渴望着财富，而他聪明的大脑让他意识到他的笔会为他赢得这一切。可以说他代表了巴黎的野心，《人间喜剧》的写作计划是他这种野心和才华的完美呈现。他的小说如同百科全书，从中我们可以看到关于哲学、经济学、历史、自然科学、神学等各个领域的内容。正因为他灿若星辰的才华，他的死才让伟大的雨果为之动容。在为其致的悼词中，雨果给了极高的评价："最伟大的人物中间，巴尔扎克名列前茅；最优秀的人物中间，巴尔扎克是佼佼者之一。"

本书通过对巴尔扎克一生的详细记录，可以让我们了解这个伟大的小说家的成长历程，同时也了解他才华背后的真实人生。巴尔扎克为我们真实地再现了那个时代的巴黎，而本书则为读者精彩呈现真实的巴尔扎克。

目录

成长的烦恼

童年的悲剧 / 1

初露雄心 / 12

经商的惨败 / 26

写作的幸福

初尝胜果 / 31

追求奢华 / 42

俄罗斯贵族的来信 / 54

生活的磨难

杂志社主编的磨难 / 77
贝尔尼夫人之死 / 85
巴斯街 / 92
《人间喜剧》/ 96
走向死神 / 101

童年的悲剧

成长的烦恼

图说名人

贝尔纳·巴尔萨拥有牧场和葡萄园,养育着11个孩子:9个儿子,2个女儿。长子贝尔纳·弗朗索瓦聪明机灵,深受教堂神甫赏识,很小就学会读书写字,13岁时在卡纳扎克的一位公证人办事处帮忙跑腿。他学习法律后,22岁在巴黎的诉讼人办事处工作。在此期间,他把巴尔萨这个姓,换成了更响亮的巴尔扎克。1776年,他进入法兰西王国政府部门,担任枢密院审查官约瑟夫·达尔贝的秘书。

随着年龄的增长,贝尔纳不仅能力得到增强,关系网也逐步扩大了。即使是大革命的动荡也挡不住他的升迁。贝尔纳被任命为军队的粮食、饲料供应署署长。1794年弗勒吕斯大捷后,他先后被调到布雷斯特、图尔担任军需工作。

他的上司达尼埃尔·杜梅克觉得他仪表堂堂,就介绍军需部队同事约瑟夫·萨朗比埃的女儿给他。萨朗比埃是巴黎救济局局长,其女儿沙洛特·洛尔才19岁,而贝尔纳当时已51岁,年龄相差32岁。

贝尔纳的未婚妻受过严格的家庭教育。她早上7点起床,用冷水洗脸,接着打扫房间,8—9点学习书法,余下的时间用于缝补、编织和绣花边。她只被允许在回答大人问题时才讲话,只阅读父母所推荐的图书。

名人名言

时间是人的财富、全部财富,正如时间是国家的财富一样,因为任何财富都是时间与行动化合之后的成果。

——巴尔扎克

婚礼在1797年1月30日举行。婚后，贝尔纳·弗朗索瓦通过观察沙洛特·洛尔训练仆役后发现，她的性格未如他意料中变得更温文尔雅，而是奇怪地变得更生硬。她是一个既浅薄又专断的人，只有她固有的优雅风度使别人忘记她的铁石心肠。不过，她对当老头儿的小媳妇并不厌烦，甚至心情愉快。婚后一年三个月，她给他生了第一个儿子，她以生养了这个孩子感到自豪，可惜这孩子活了33天就夭折了。

夫妇俩惊愕万分，但并没有丧气，沙洛特·洛尔很快又怀孕了。1799年5月20日，一个结实的男婴在图尔市意大利军队街25号巴尔扎克家呱呱坠地，取名叫奥诺雷·巴尔扎克。因为第一个孩子的喂养方式不成功，这一回他们也照市民家庭的做法，将奥诺雷寄养在乡下的奶娘那里。

他们在圣西尔－卢瓦尔村找到了寄养处，并由奶娘哺乳。16个月后，即1800年9月29日，奥诺雷又有了一个妹妹洛尔来跟他相伴。奶娘家两口子，男的粗野，女的头脑简单。他们对这两个寄养在他家的婴儿唯一感兴趣的只是月底能给他家带来一点收入。庆幸的是，兄妹俩一起寄养在外人家里，有利于培养刚萌发的兄妹之情。没多久，兄妹俩就一起吃、玩、睡、讲梦话。他们的亲吻代替了他们没有得到的母亲的爱抚。尽管奥诺雷有时有些伤心，但他一见到妹妹的笑容就能得到宽慰。他既需要爱，也需要被爱抚。

然而，他们的父母并不关心子女们的精神状态。父亲担任行政官员，事业辉煌；母亲热衷交际，与市里最阔气的太太、夫人们打得火热。1802年4月18日，他们又有

※这片葡萄园因为伟大的巴尔扎克而闻名

文坛拿破仑——巴尔扎克

了第二个女儿洛朗斯·索菲。奥诺雷和洛尔重新回到图尔市家里。当时,巴尔扎克一家生活富裕,颇受人敬重。贝尔纳·弗朗索瓦受到德波默勒尔这位将军省长的保护,被任命为图尔市救济署署长,后来又当上了市政府副市长。为了提高自己的知名度,他买下了因达尔卢瓦尔街29号的漂亮私人官邸和圣拉扎尔的农庄。

图尔市的政要挤满了贝尔纳·弗朗索瓦的家。在家里举行招待会时,为了不使客人们太拥挤,他们把孩子们安置到四楼,并请了一位家庭女教师德拉埃耶小姐教育孩子。这是一位严谨、热情和厉害的女人,她很认真地承担了任务。每天早晨,她带着孩子到妈妈那里请安,每天晚上就寝以前,他们又重复早晨的礼节,向妈妈道晚安。在孩子们的印象里,妈妈与他们见面只是在找茬,看他们白天是否干了坏事。这几个孩子经常被吓得直哆嗦,等着妈妈的训斥。只要沙洛特·洛尔用冷淡的吓人的目光一瞄,就像发现了什么秘密一般,犯错误的孩子真想藏到地下躲起来。

奥诺雷回到床上,觉得孤苦伶仃,就像个孤儿。

在这种单调乏味的令人窒息的岁月里,他唯一的消遣是到巴黎外公外婆萨朗比埃家做客。外公外婆住在马雷区,每次见到他总是热烈亲吻着他,还送给他礼物,甚至让他和看门的大狗穆什玩耍。奥诺雷回到家后,一联想到在外婆家有那么多疼爱,家里却什么也没有,更觉得难受。爸爸对他不关心,妈妈也只是偶尔才看他一眼,即使在路上碰到他也总板着个脸。父亲和母亲都属于难以捉摸的大人圈子里的人。沙洛特·洛尔穿着讲究,和外省来的宾客亲切交谈。她语调诙

※巴尔扎克年轻的母亲

谐，笑容可掬。她有时行为持重，有时神态挑逗。男人们认为她聪明漂亮，而女人们则指责她太讲究穿着，爱迷惑别人。

在家庭常客中，让·弗朗索瓦·马尔戈纳是一位失宠的、虔诚女子的丈夫，比沙洛特·洛尔小两岁。他一来就爱上了沙洛特，而沙洛特只不过要他乖乖就范。沙洛特并没有什么顾虑，贝尔纳·弗朗索瓦只是睁一只眼闭一只眼。贝尔纳·弗朗索瓦认为，到他这个年龄，对年轻妻子的感情问题应该容忍，只是要注意分寸。不久，沙洛特·洛尔红着脸说她又怀孕了。对又要添人丁一事，家里人像以前一样认为合理合法，都很高兴。

几个月以后，即1807年12月21日，沙洛特·洛尔生下了第二个儿子，法定父亲和孩子的亲生父亲都很高兴。孩子在市政府登记并接受洗礼，取名亨利。图尔市上层社会人士都向年轻的产妇和年已六旬的父亲道喜。

1707年，奥诺雷被父母送到旺多姆中学读书。旺多姆中学过去由奥拉托利会会员掌管，大革命时期虽然已经世俗化，但依然保留着传统的严格规章。在严格控制下，孩子们被迫忘掉家庭的温暖，习惯于那种索然无味的生活。他们被关在大墙里，接受封闭式训练，在暑假里也不出门。由于经常有人来视察，学生们得事事倍加小心。学生们每个月可给家里写一封信，家长们不得探视孩子，这就磨炼了这些被"监禁"的小家伙的意志。在这六年中，奥诺雷只见过两次父母。

课堂上，学生们心不在焉，额外的作业却多如牛毛。

学校里，体罚学生是常事。犯错误的学生跪在老师的讲坛前，被牛皮带打着手心，直到他们求饶。还有一种惩罚也很可怕，那就是坐禁闭。禁闭室设在楼梯下，称作"凹室"，还有宿舍旁很小的尖顶小屋，称作"裤衩房"。不过，那些好学生可以得到十字奖章，可

文坛拿破仑——**巴尔扎克**

阅读由能人委员会选出来的娱乐图书，但奥诺雷从未得到过这种荣誉。他在同学眼里只不过是一个笨头笨脑、面颊丰满、既胆小又懒惰的郁郁寡欢的男孩子。

奥诺雷对这种集体生活很快就感到憋闷和不舒服。

他的同学大都是些无知无识、粗野和吵吵嚷嚷的人，他感到失望。他不能宽恕母亲将他投入这种牢笼，特别是母亲为了防止他受外界引诱，连零花钱也不给。母亲不仅不给他温暖，甚至连基本的生活条件也不给满足，还以此为乐。别的学生家长参加授奖活动，他的家长却连这样的大活动也不屑一顾。当然，他也没给父母挣过面子，他成绩平平，品行也不理想。

在学校生活的风风雨雨中，给予过他帮助的是一位名叫伊亚森特·洛朗·勒菲弗的神甫，他是宣誓派教士，五年级的任课老师。这位老师负责学校图书馆的分类工作，图书大部分是大革命时期从贵族府邸和修道院里抄来的。勒菲弗神甫教奥诺雷数学课，这是奥诺雷的弱科目，而贝尔纳·弗朗索瓦希望儿子将来能进入综合工科学校读书。实际上，师生俩对文学杰作的兴趣远远超过数学计算和方程式。勒菲弗神甫在复习补课时，不是鼓励奥诺雷去啃科学方面的教科书，而是鼓励他去读从学校图书馆书堆里找来的那些作品。他觉察到这个孩子有想象力，有激情，充满无穷无尽的幻想，与那些平淡无奇的同学截然不同。他瞒着别人，暗地里交给奥诺雷大量书籍。这两个人，一个41岁，一个11岁，思想上有很多默契。

对所有能看到的书，奥诺雷都全力阅读。在娱乐活动时间，他不与同学一起做游戏，而是躲到大树底下，手捧书本，如饥似渴地阅读。他对坐禁闭的惩罚挺喜欢，这可以"与世隔绝"并与作者交流思想。他狂热地、不加选择地阅读这些书，这使他产生了一种理想，他要与那些他所尊敬的作家并驾齐驱。他记忆力惊人，过目不忘，知识包罗万象，他的脑子成了储藏室。

奥诺雷将他的梦想寄托在写作上。对写作的兴趣越大，他和学校严格的纪律就越来越对立。他对别人要他学的很讨厌，而对自己想学的却很投入。

令人受不了的迟钝，再加上带有挑衅性的不守纪律，促使学校领导要开除奥诺雷。1813年4月22日，在过了6年寄宿生活后，校方要求巴尔扎克家长领回他们的孩子。

虽经过6年离别，但他想还能重

※伏尔泰雕像

新融入这个家。他与宠爱的妹妹洛尔年龄相仿,爱好相同。另一个妹妹洛朗斯才11岁,在他看来只是个小不点儿。小弟弟亨利,既任性又爱嘟囔,然而,他妈妈却对他疼爱有加。亨利的一举一动,她都赞不绝口,而对奥诺雷只是冷眼相待,指责训斥。为什么她会对他如此冷淡,而对那些和她毫无干系的沙龙客人却笑容可掬?好像她对谁都讨好,只有他例外。

虽然奥诺雷与母亲关系不太融洽,但他对父亲却很尊重,甚至颇有好感。尽管事业上经历风风雨雨,但贝尔纳·弗朗索瓦脾气很好。他喜欢读蒙田、伏尔泰和拉伯雷的作品,他思想开放,心情愉快,敢想敢干。他跟儿子一样,喜欢写作。但是,他所写的作品和奥诺雷构思的作品是完全不同的风格。

当奥诺雷在家里听父亲发表政治主张时,他不能不佩服、赞赏父亲那种口若悬河的谈吐、镇定自若的神情和乐观主义精神。此外,他也很珍惜在父亲的书架上有很多法文和拉丁文的大作家的作品,及那些过去和当时哲学家的作品,还有历史学家、诗人的抨击性文章等,这些书籍都并排地摆在一起。他非常高兴地阅读伏尔泰、卢梭、夏多布里昂以及他母亲喜爱的那些神秘作品。在旺多姆进行过的知识方面的灌输,同样也以杂乱无章的方式在图尔继续。在巴尔扎克家里,人们海阔天空地神聊,讲笑话,说些怪诞和迷信的故事、文学评论,围绕着各种各样思潮以及日常琐事争论,很是激烈。奥诺雷处于这种混沌的环境中,对人们的言论谈吐、外表相貌以及环境等都留下了印象。父母、妹妹、弟弟、父母的朋友、已守寡的外婆萨朗比埃(她成天皱着眉头,住在她所不喜欢的女婿家里),还有图赖讷美丽的风景,漂亮的府邸和城里秘密小

文坛拿破仑——巴尔扎克

教堂，市镇的嘈杂声，阅读书籍等等，这一切都装到了奥诺雷脑子里，并且牢记在心。他的脑子像个捕蝇器，凡是在他周围飞的蝇子，立即被他逮住。

奥诺雷在这种悠闲自得的气氛中待了几年。但是他的父亲并未放弃送他去综合工科学校的想法。1813年初夏，他被送到巴黎马雷区托里尼街的私立学校里，这个学校由伯泽兰先生和冈塞先生领导。他和其他学生一起，每天被送到查理大帝公学念书。自从在图尔过了高高兴兴、自由自在的生活后，他对必修的功课感到厌烦。

在这种动荡时期，有头脑的明智之士关心的不是文化而是政治。拿破仑回到巴黎以后，严密监视着正威胁着法国的外国军队的一举一动。1814年1月13日，拿破仑在竞技广场附近的杜伊勒里宫检阅部队，包括30个营的步兵和40支骑兵部队。巴黎市民被邀参观了这次规模宏大的阅兵式，这是气息奄奄的政权向正在参与角逐的欧洲各国军队发出的最后一次挑战。

奥诺雷和其他中学生都观看了这次充满悲壮的仪式。当拿破仑出现时，奥诺雷充满激情，真想张开臂膀，挺起胸膛，去保卫皇帝。同时，他也期望与皇帝平起平坐，享受同样的声望，领导全体人民，至少是以他的思想、勇气和才华来赢得千百万人的景仰。人生一世获得如此荣耀，那该是多么令人羡慕的事呀！

前线战事不断，尽管年轻的新兵们付出了血的代价，换取了一些胜利，但拿破仑节节败退。巴尔扎

知识链接

拿 破 仑

拿破仑·波拿巴（Napoléon Bonaparte，1769—1821），法兰西第一共和国执政、法兰西第一帝国皇帝，出生在法国科西嘉岛，是一位卓越的军事天才。他多次击败保王党的反扑和反法联盟的入侵，捍卫了法国大革命的成果。他颁布的《拿破仑法典》更是成为后世资本主义国家的立法蓝本。他执政期间多次对外扩张，形成了庞大的帝国体系，创造了一系列军事奇迹。1812年兵败俄国，元气大伤。1814年被反法联军赶下台。1815年复辟，随后在滑铁卢之战中失败，被流放到圣赫勒拿岛。1821年病逝，1840年尸骨被迎回巴黎隆重安葬在塞纳河畔。

※巴尔扎克的偶像——拿破仑

克夫人怕战线全面溃退，巴黎会被洗劫，在1814年3月初就去找儿子并将他带回图尔。奥诺雷对没能见到最后的战斗情景，不能为祖国奋勇杀敌深感遗憾。3月31日，联军占领首都巴黎。4月6日，参议院在塔列兰的影响下，召回路易十八并拥护其登上王位。拿破仑在枫丹白露退位并被流放到厄尔巴岛。

几天以后，奥诺雷回到老家，在图尔中学三年级当走读生。他对功课没一点热情，但也不算偷懒，甚至还得了个"百合勋章"。在复辟时期，这种奖发得很泛滥，其目的是争取青年人拥护新政权。在学校颁发的学年奖状上，奥诺雷的姓氏上还加上了贵族的介词：德·巴尔扎克先生（奥诺雷）。路易十八虽然看起来精神萎靡，但是个有心计的君主。此外，国王的侄儿和发言人当古莱姆公爵，到处鼓吹忘却过去、民族和解和信仰自由，并答应要复兴国家，使之繁荣昌盛。为了欢迎他的叔叔，公爵曾两次到图尔市。第二次是在1814年8月6日，当时在一位显贵帕皮永先生家里组织了大规模的舞会。

为了参加这次活动，妈妈答应给奥诺雷缝制一件"浅蓝色礼服"，再加上浅口皮鞋、丝袜、镶边衬衫，这副打扮比起风流潇洒的骑士来也不差，给人的印象也不像穷酸相的学生了。

1814年11月1日，贝尔纳·弗朗索瓦得知他已被任命为巴黎的粮食局长。这位外省前副市长已年过68岁，这回又重振精神，准备好好干。

1814年11月中旬，巴尔扎克全家离开图尔市，搬到巴黎马富区教堂街40号定居。这个区是中产阶级、手工艺匠和形形色色的退休人员的住宅区。这些善良的人们经历了路易十六的统治、大革命、帝国，现在是怀着屈从的怀疑心情进入复辟王朝。他们希望过有秩序的、安定的、有富裕收入的生活，他们很少谈政治，宁愿听咖啡馆的马路新闻，也不想在订阅的某种报纸上发表意见。

贝尔纳·弗朗索瓦行事甚为谨慎。他为了证明对当前发生的事件甚为顺从，将奥诺雷送到由拥护君主派雅克·弗朗索瓦·勒皮特办的学校里。这所寄宿学校在圣路易马雷街9号和11号——以前的欢乐旅社里，学校离家不远。

然而，在秋天学校开课时，贝尔纳·弗朗索瓦决定不让儿子到该校注册。圣路易马雷街的这个寄宿学校办学蹩脚，让人不放心。于是奥诺雷只好回到托里尼街冈塞的老住处。他在重新命名为"王家中学"的查理大帝公学上修辞课。星期天，他在"受到很好监护"下到教堂街学跳舞。由于太分心，尽管他对父母再三保证，学习成绩却不佳。他母亲对此颇为不满，认为这是对父母不孝。妈妈有病态般的疑心症，总是心存不满，似乎每个人都冒犯到了她。她自己板着脸，却埋怨奥诺雷冷漠无情，对她不能做到忠心耿耿。为了惩罚儿子的"不孝"，她经常不让儿子享受在家聚餐的快乐。

虽然在那些所谓"科学"的功课上，他名次靠后，但在写叙述文时却得心应手。

1816年，奥诺雷中学毕业了。他离开了寄宿学校和公学，又回到家里。家里人情如常，习惯如故。洛尔和洛朗斯在女子寄宿学校就读；亨利是家里的心肝宝贝，学校换了一个又一个，知识不见增长，性格也不见改变，老师对他很失望，妈妈却仍然很喜欢他。贝尔纳·弗朗索瓦精心保养，希望长命百岁；他希望与妻子和睦相处，妻子的脾气却越来越糟糕。但他们都十分担心长子，怕长子没有特长，日子过得不舒服。假期结束以后，他们将奥诺雷送到科基耶尔街42号让·巴蒂斯特·吉约内·德·梅维尔事务所当见习诉讼代理人。11月4日，他们还让奥诺雷在法学院入学注册，以使他在三年后能获得法学学士学位。法学是巴尔扎克家所尊重的学科。

对置身于司法界，奥诺雷一开始就很高兴。他觉得最满意的是，在这种新的工作中，能有机会深入了解人间的众多惨事。这类悲剧在大人物之间或平民阶层都有，这里面有刻骨仇恨、阴险争斗、妒忌积怨、强取豪夺，各种鬼名堂都应有尽有。在这里，巴尔扎克不仅学到了诉讼程序中的奥妙，而且明白了人们命运中的时而使人发笑、时而令人伤心的方方面面。一捆捆的材料，在他眼里就是一本本小说，是

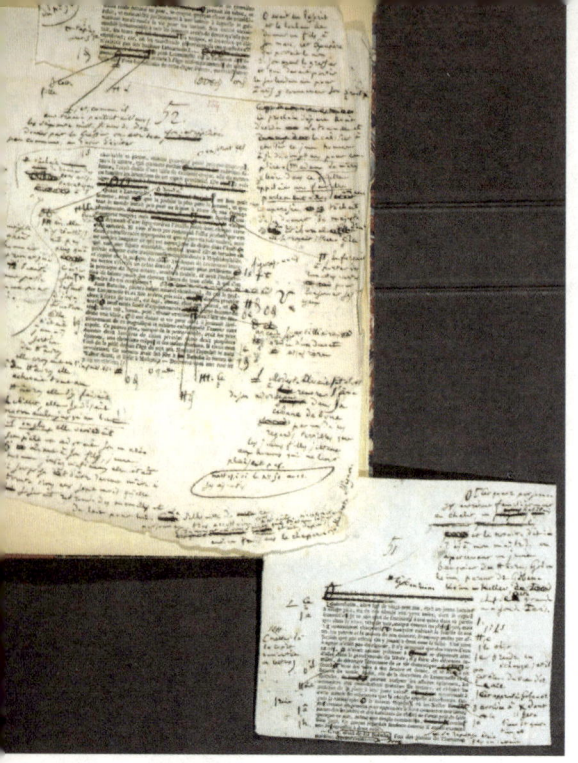

※ 巴尔扎克珍贵手稿

一批活生生的会呼吸、受磨难的怪诞的众生相。

奥诺雷在事务所里，与那些年轻的、没钱的、厚颜无耻的和爱逗乐的见习生一起学习司法上那套阴谋诡计。如果说公证人办公室是家具光亮、护壁讲究的厅堂，那抄写员待的大厅就像穷人的杂物储藏室，灰尘满地，废纸糨糊成堆，还夹杂着抄写空闲时吃的饭食味道。事务所的年轻人为了活跃气氛，编同音字顺口溜游戏。这种游戏使奥诺雷很开心，他还经常引起哄堂大笑。

1818年4月，他父亲为增强儿子的业务能力，令其离开诉讼代理人事务所，到他们家的朋友、公证人维克多·帕塞律师事务所工作。从这时开始，巴尔扎克夫人就渴望其长子有一天能步帕塞律师的后尘，像他那样挣很多钱。奥诺雷对母亲的这种幻想并不在意，但是，他倒是有另一种希望。他在熟悉法律问题后，越来越迫切地被作家的光荣所吸引。他在帕塞律师事务所工作，也像在吉约内·德·梅维尔律师事务所一样，看大大小小的拍卖案卷时，连头也不抬。他专心致志，为的是能像读小说或哲学论文那样吸收营养，那些不是文学的、不能引起思考的以及无助于获得名声的，他觉得都是无用的。

然而，为了取得父母的欢心，他还在法学院听课。那些法律，他要在公证人事务所里观察其具体效果，而对教师的论述，他也想从理论上来分析，也就是要抽象地思考。1819年1月4日，他成功地通过了法学学士初试。但是，他根本不想继续参试。在奥诺雷看来，比起那些公认的法学大师的讲演，在帕塞律师那里学到的东西更为生动、多样化，对他的前程更为有益。他对思想上各个领域的学问都很留意。他在听当代思想杰出人物的信仰说教时，态度是介于他父亲信奉的唯物怀疑论以及连接实物科学及

直觉的世界观之间。他脑子里装着五花八门的哲学体系思想,在同学面前和家人面前都捍卫这些原则。不知他是否继承了他父亲那样好夸夸其谈的个性,奥诺雷的亲人们觉得他也口若悬河。特别是在论证到神秘学以及上帝存在的基督教证据时,他像吹牛大王似的玩弄文字游戏。巴尔扎克夫人断然认为,他的儿子在日常处事方面还不老练。可是他在现实生活中却不学乖,还是故弄玄虚,依然故我。如果想立足社会,还得稳重谨慎。但是他一时老成,一时想入非非,总是喜欢搞搞这个,又弄弄那个。

1819年,贝尔纳·弗朗索瓦遭了大难,那年他刚到73岁,别人要他退休。本来他年薪是7800法郎,这回只能领1695法郎。收入一旦减少,巴黎就待不下去了,因为房租、雇用仆人开支、交际费、伙食费等费用太昂贵。为缩减开支,他们不得不搬到别处去住。幸好,巴尔扎克夫人的堂兄克洛德·安托万·萨朗比埃在帕里西城的莫街买了一座房子,同意以低价租给这家惊惶不安的亲戚。这个村子有居民500人,离首都不过25千米。村民们却认为,巴尔扎克一家是最尊贵的贵族,他们有文化,爱好写作,举止大方。总之,是一家叫人放心的好市民。

※法国法院象征执法公平的符号

初露雄心

贝尔纳·弗朗索瓦长期以来希望他的长子能继承帕塞律师的事业，现在，却由于儿子拒绝献身于可以接近司法活动的职业而感到失望，因为这工作既能提高名望，又可以挣钱。而给奥诺雷找门好亲事，并用嫁妆来换取公证人这种令人垂涎的差使，也是很容易的事。一旦在事务所就职，前程就会有保障，而且在需要时，可以帮助家庭。不过，奥诺雷不干，他不愿意谈及娶妻的事，也不愿意提及从事公职生涯之事。好像一看到能照亮前程的公证人门前挂的盾形纹章，奥诺雷就感到不快，他唯一的雄心壮志就是搞文学。奥诺雷是否有才华？这是玄而又玄的事。奥诺雷向家里保证不久就会显露他的特殊才能。家里人不怎么信这种话，于是就争论开了，谁都添油加醋，说三道四。奥诺雷坚持自己的意见，父母作了一些让步，最终达成了都能接受的协议。父母

※法国巴黎法国最高行政法院，巴尔扎克的父母认为他可以在这里获得显赫的名望

文坛拿破仑——巴尔扎克

给奥诺雷一个机会：在最短的时间内，证明他是一个成功的作者。他们给他两年时间，一个月也不多，让他到巴黎去从事写作，给他的钱刚好饿不死。贝尔纳·弗朗索瓦手头拮据，当时也想不出更好的办法。而巴尔扎克夫人则认为，儿子缺钱花，很快就会回心转意。她在莱迪吉埃街9号军械库图书馆附近的一幢老房子的四层楼的小阁楼为儿子租了一间房子。

奥诺雷在莱迪吉埃街过的是粗茶淡饭的日子。陈面包泡牛奶当午餐，他觉得挺惬意。

星期天，奥诺雷常在他的小屋里接待绰号为"皮拉特"的小老头达布朗，他讲一些城里传播的新闻，那些属于"二流人物"的近邻的事。他们都是善良的市民，家里都有很漂亮的女儿；房主也不怀疑住在小阁楼的房客是位文学奇才。如果达布朗有几个星期天不来看他，希望知道小道消息的奥诺雷就会友好地责问："你这个不守信用的小老头，我有16天没见到您了，这不好，只有您才能给我安慰。"但他最高兴的事是收到洛尔的信，信是科曼大妈定期送来的。

洛朗斯也给哥哥写信。姐妹俩都很浪漫和爱开玩笑，她们急于揭露陈词滥调，表明她们自己的独立判断。她们很信得过奥诺雷，特别是洛尔。他想向洛尔宣布，他正在搞大部头著作。他只能"慢慢思索，慢慢地安排，慢慢地啃，慢慢踱步"，没法一下子搞出什么名堂。他首先意图写一本《论灵魂不灭》，为的是证明这种不灭不过是诡计。他也想写《评诗才》，为写此书，他作了些笔记，很热心地阅读斯宾诺莎《伦理学》的一个译本。经过深思熟虑后，他认为哲学著作不会给他带来荣誉与金钱，而他很需要这两样东西，如要获得这双重奖赏，还是投入到小说或戏剧事业为好。1819年9月6日，他在给洛尔的信中写道："我出于理智，终于决定写《克伦威尔》的题材（查理一世之死）。"

他不写《克伦威尔》时，就写"古典式小小说"作消遣，有时，受拜伦的《海盗》启发，想写歌剧。他也忘不了体格锻炼、活动活动腿脚，不顾路途遥远，到拉希兹神甫公墓玩玩。他看见墓碑时，就想到长眠在那里的伟大人物。

在此期间，《克伦威尔》的写作进度十分缓慢。

奥诺雷一想起那些优秀的悲剧作家就夜不能眠。他向妹妹开玩笑似的说："在莱迪吉埃街9号四层楼上，在我住的地方，一个年轻人的

知识链接

克伦威尔

奥利弗·克伦威尔是英国政治家、军事家、宗教领袖。他是17世纪英国资产阶级革命中资产阶级——新贵族集团的代表人物、独立派的首领。克伦威尔生于亨廷登，曾就读于剑桥大学的雪梨苏塞克斯学院，信奉清教思想。在1642—1648年两次内战中，他先后统率"铁骑军"和新模范军，战胜了王党的军队。1645年6月，他在纳西比战役中取得对王党的决定性胜利。1649年，他在城市平民和自耕农压力下，处死国王查理一世，宣布成立共和国。1653年，他建立军事独裁统治，自任"护国公"。

头脑里已着火。一个半月以来，消防队员已来到，但无法灭火。他被一个不认识的漂亮女人迷住了，她的名字叫光荣。"

1820年5月12日，奥诺雷接到洛尔的来信，洛尔告诉他，她要与欧仁·叙维尔结婚，请他5月17日（星期三）来巴黎，参加在帕塞律师处的签约并于星期四上午在圣·梅里教堂做弥撒。

奥诺雷在参加洛尔和欧仁·叙维尔的婚礼后不久，另一件重要的事使他兴奋：贝尔纳·弗朗索瓦终于认可儿子的能力，召集几个朋友，在帕里西城家里的沙龙里向他们朗读儿子的悲剧作品。奥诺雷生性乐观，希望这是件盛事。他在卖弄能背诵的文章时，窥测着听众的反应。念完诗后，一片令人窘迫的寂静，谁也没有恭维作者。贝尔纳·弗朗索瓦比儿子还激动，他觉得他们可能弄错了，应该将《克伦威尔》让"有权威和公正的人士"审阅。于是，他把《克伦威尔》抄录本呈送给欧仁·叙维尔以前的理工综合学校的老师、法兰西学院院士弗朗索瓦·纪尧姆·安德里厄。

可爱的弗朗索瓦虽然不欣赏这部剧本，但建议找个行家提提意见，以便讨个公道。于是，他找到了法兰西喜剧院的演员皮埃尔·拉珀努伊。别人称呼皮埃尔为拉封，他经常演高乃依和拉辛的戏。

然而，拉封对《克伦威尔》一剧态度淡漠。这位喜剧演员埋头演戏，对外界过于闭塞，对新鲜事物不感兴趣。奥诺雷这回又只好认输。然而，这一来，他脑子倒清晰了，他意识到这一次创作并没有把他打倒，倒给他动力。如果在悲剧写作中没有成功，那得找适合他才

文坛拿破仑——巴尔扎克

能发挥的另外的表达方式。在这次伤心的遭遇中,写《克伦威尔》使他失去了几个月时间,干了一件没有实际意义的事,而他父亲只给他两年时间让他来证实自己的才华。更糟糕的是,他得加快速度,并不是因为没有题目可写,但愿那强制性服兵役不会妨碍他写作。如果抽上签当兵,那就得穿上军服去服役。但是,1820年9月1日,他抽到不用服兵役的签,"永远排除服兵役"。

洛尔一结婚,帕里西城的住房就空出了一间。奥诺雷的父母认为儿子在巴黎实习时间已够长久,得回到家里,现在家里具备各种舒舒服服的条件。他乖乖地服从了,离开首都是有点伤心,但过了几个月的难受的生活后,重新回家过舒服日子倒是挺满意的。

《克伦威尔》写作不顺当,奥诺雷只有在写小说方面找出路了。他开始创造长篇叙事小说《阿加蒂丝》,故事发生在十字军东征时代。这本书里有爱情、背信弃义的小人、比武场景、强盗,漂亮的女主人公是一位擅长用药的女郎。他刚写了几页,就停止了这篇杂乱无章的文章,写起另一种形式的文章《法尔图尔纳》。这篇道德说教式的文章还没写完,他又开始写他的书信体小说《斯特尼或哲学的错误》。

他的目的是当个一流作家,但是他也想挣点钱,尽快地挣到钱,这样就能少受家庭的约束。他听他的旺多姆老同学大胖子奥古斯特·索特莱说,有一个面孔像巴黎的吉卜赛人的人,名字叫勒普瓦特万,人称埃格尔维尔的勒普瓦特万,也叫勒普瓦特万·圣阿尔姆,这是个文人、滑稽剧作者、新闻记者和新闻栏编辑,此人专门与人合作创作通俗小说。由于这种集体劳动,几十本不怎么显眼的书转瞬就卖出去了。勒普瓦特万比巴尔扎克稍年长,是一位颇有名气的演员之子,他与巴尔扎克第一次见面后,意识到可以与这个机灵和知识渊博的人共事。他给巴尔扎克在忙碌干活的办事人员中安排了一个位置。这个集体孵化作品的机构的规定很简单:描

※克伦威尔画像

写只需几行文字,主人公都是上流社会的,女人都很漂亮、聪明,有时极爱争风吃醋,干坏事的总会受惩罚,爱打抱不平的游侠经过磨难后总会有好报,每页都有几行诗句,家庭和宗教都受到尊重,尤其是都很感人,至于文风,勒普瓦特万不怎么在乎。他们拿这些满足女读者不是为了奉承讨好,而是因为他们相信会取得成功,所以干得十分起劲。巴尔扎克很轻易地屈从了这个团体的纪律,也是这些小傻瓜中的一个。他曾千百次宣布其雄心乃创作不朽的传世作品,但借人之手炮制一些副产品也不为过。

在奥诺雷看来,现在他干的只不过是艺术上的模仿的、为商业目的的滑稽作品,每年出版6本书,就可挣1.2万法郎,这个数字并不使他畏惧。他觉得有能力进行构思和编写6本"低级作品",先用笔名署名,将来写出值得称道的小说时就可以签自己的名字了。

此时,奥诺雷的妹妹洛朗斯因没有人向她求婚,独守空闺,心情烦躁。家里生活平静,但单调乏味,她羡慕姐姐已觅得乘龙快婿。贝尔纳·弗朗索瓦给洛朗斯找了个挺体面的对象:阿尔芒·德西雷·米肖·德·圣·皮埃尔·德·蒙塞格尔。双重的贵族姓氏值得双倍的尊重。贝尔纳·弗朗索瓦与这个年轻人的父亲是在王家议会认识的,后来又在粮食局共事,双层同事似乎是个好兆头。而阿尔芒·德西雷比洛朗斯大15岁,这在家庭生活中是稳定的保证。洛朗斯因为没有尝过谈情说爱的滋味,并出于虚荣心,觉得不久就要像姐姐那样当太太而很高兴,她也会有仆人、会客日、四轮马车,可能还会有孩子。

婚礼将于1821年9月1日在第七区区政府和圣·让·圣·弗朗索瓦教堂举行。巴尔扎克家为这次婚礼发了两种通知书,第一种是发给亲戚好友,通知书上写道:"王室参议院前秘书、第一旅粮食总管巴尔扎克先生和夫人荣幸地通知,他们的女儿洛朗斯小姐与阿尔芒·德西雷·米肖·德·圣·皮埃尔·德·蒙塞格尔先生举行结婚典礼。"第二种是发给较疏远的朋友,在三个巴尔扎克姓氏上加上表示贵族头衔的介词。通知书由蒙塞格尔分发,并指明未婚妻是洛朗斯·德·巴尔扎克小姐。

巴尔扎克家曾把求婚者捧上了天,不久,他们发现这是个卑鄙无耻的无赖。洛朗斯把珠宝首饰典当了,蒙塞格尔已濒临破产,央求岳父借钱。岳父直截了当地拒绝帮助这个一开始就欺骗他们的女婿。而

文坛拿破仑——巴尔扎克

巴尔扎克夫人不能容忍自己女儿去爱和支持这么卑鄙的家伙,她最多给他一个恩赐,在她的不幸的女儿快临产时去看望了他们一次。小外孙生于1822年7月28日,孩子的洗礼她也没有参加,因为她认为这是应受谴责的婚姻的产物。

1931年,蒙塞格尔当上法兰西学院院士和贵族院议员的塞萨克伯爵的私人秘书。他从金钱的困境中摆脱后,瞄准荣誉团爵位,他成为巴尔扎克描写的那种在社会上既不要公道也不要脸面的自私和无耻的人物。

每当奥诺雷经过帕里西城莫街的房子前,他就想,这个世界可真小:直到1815年,这座房子是属于夏尔·德·蒙塞格尔,即巴尔扎克家卑鄙无耻的女婿的父亲。他破产后将房子卖给王家顾问加布里埃尔·德·贝尔尼。这是一座栽满鲜花,有方格子窗,维护得很好的建筑物,铺沙的院子里还有橘树和石榴树作点缀。贝尔纳·弗朗索瓦在行政部门工作时结识了德·贝尔尼伯爵,他俩在后勤部门工作时都发了财。这样他俩关系就密切了。德·贝尔尼夫人原名路易丝·安托瓦妮特·洛尔·伊奈。1787年,伊奈去世,其寡妻再嫁给德·雅尔雅耶斯骑士。

德·雅尔雅耶斯夫人和她的丈夫,由于受到长裤汉(18世纪末法国大革命时期对广大革命群众流行的称呼)们越来越大的威胁,把年仅15岁半的女儿嫁给一个能保护她的人,也就是德·贝尔尼伯爵。1799年,德·贝尔尼进入令人羡慕的供应局,后来又当了内政部人事司副司长,巴黎法院顾问。夫妇俩有9个孩子,但这并不能说明夫妇生活和谐。德·贝尔尼未老先衰,眼睛半瞎,脾气暴躁,爱挑三拣四,并很贪财。德·贝尔尼夫人只不过出于礼貌,对丈夫给予必要的尊重而已。此外,她多次欺骗丈夫,而丈夫为少惹麻烦,对妻子的放荡行径不闻不问。

但是邻居们,特别是巴尔扎克家并不因此不敬重她,仍把她看成挺有身份的太太、城堡的女主人。这两家人礼貌相待,甚至是友好的。两家相互邀请品尝点心,或者到慈善事业组织会面。德·贝尔尼夫人已45岁了,脸上放射着慈祥的光芒,尽管她身材矮小,并有点发胖,但仍风度翩翩。此外,她不掩饰年龄,甘愿承认是老太婆了,这既夸张也带点娇态,寻起开心来总带有青春活力。奥诺雷很好奇,这个褐皮肤,小个子,比他母亲大一岁的女人,却如此容光焕发。

※19世纪上半叶的巴黎女人

德·贝尔尼夫人希望年轻的奥诺雷给她的女儿教课。他很干脆地接受了辅导老师的角色，很快地，他觉得拜访"矮太太"是件很愉快的事。教课完后，奥诺雷因为有趣和有益的谈话而继续在她家多待一会儿。她们的母亲见到辅导老师编词儿解释教女儿，想把她的一个女儿朱莉·康皮嫁给巴尔扎克。但是，帕里西城的小姐并不吸引奥诺雷。日复一日，他感到是这个家庭的女主人成熟的风度使他动情。她戏弄他的冲动，减轻他的不安情绪，同情他的伤心事，讨论文学和在家如何处事，以至于他觉得少不了她。面对着她，他觉得既有儿子的尊敬，又有情人的狂热。

德·贝尔尼夫人对一个22岁年轻男子对她这个45岁女人的吹捧，采取的是聪明的克制的态度，儿女不在场时，拒绝接待他。然而，奥诺雷像魔鬼附身，书信中更是热情奔放。

1822年4月，奥诺雷的母亲动身前往巴耶，想亲自考察她女儿洛尔的家庭生活。奥诺雷和父亲单独待在帕里西，这时他更胆大、更频繁地拜访德·贝尔尼夫人。奥诺雷认为安托瓦妮特不适合作为一般家庭妇女的名字，要求允许他今后谈话时用洛尔这个名字称呼她。

他也是用这个名字称呼母亲和妹妹的。他母亲代表着漠不关心，她妹妹象征着心灵沟通。母亲把他生下，妹妹给了他温情。有了这第三个人，他就到了天堂。德·贝尔尼夫人觉得挺逗乐，也就接受改变名字称呼。自从使用了这个新名字，奥诺雷发现与德·贝尔尼夫人更为亲近，并成为活着的主要原因。虽然她总拒绝他，但他想她已经快屈服了。她已经在坚守最后的防御工事，请求他别再跟她谈爱情了，否则她要向他关门了。

文坛拿破仑——巴尔扎克

在遭到她拒绝后的一天晚上，他又返回来。看见他坐在过去常坐的院子里的凳子上，若有所思，她未料到他会突然出现，无法再拒绝他。他们之间第一次亲吻，但是她没有向更深的地步发展。这轻轻的拥抱已够了。他离开她时希望得到更多的温情，因为她已允许他触及她的嘴唇。后来那几天，她又躲开了。最后，在一次新的幽会中，她承认已准备重叙旧情。

奥诺雷的母亲从巴耶回来后，觉察到儿子搞的不高明的花招，很是愤怒。儿子不走正道，竟去找结过婚的女人。而这个结过婚的女人，年纪比他大一倍，是他妈妈的同龄人。

奥诺雷的母亲找到解决办法：为了平息种种非议，让奥诺雷到住在巴耶的妹妹洛尔处待几个星期。奥诺雷心灰意懒，完全绝望，只好接受这种"流放"。

奥诺雷一到巴耶就发现环境改变带来的好处。重见妹妹洛尔的欢乐抵消了离开德·贝尔尼夫人的遗憾。他不停地发挥才能，即使有时假装心不在焉。在巴耶，他带去小说《瓦仑·克洛尔》的头几章，还有另一部小说《阿登的副本堂神甫》的提纲。现在，他忙于出版另一本小说《克洛蒂尔德·德·吕西尼安或漂亮的犹太人》，后一本书他用罗纳爵士的笔名在巴黎于贝尔出版社发表。这本以十字军东征为背景的离奇著作，没有署真名。

在巴耶的两个月时间内，他已开始写《阿登的副本堂神甫》这本小说。他建议妹妹和妹夫一起来编写这本既有色情又有宗教狂热的怪诞小说。他们三个人一起编写，进展很快，收益大家一起分享。在家庭里写小说，这不也是很自然的吗？在离开巴耶之前，他把手稿留给洛尔和欧仁，可以根据他的计划和他们的共同想法，再添写几章。然后，他怀着不安的心情上路，回帕里西城的家，德·贝尔尼夫人在那里焦急地等着他。

经过巴黎时，他想办法和出版书商夏尔·亚历山大·波莱洽谈。他上了这个书商的当，签了两本书的合同，即《百岁老人》和《阿登的副本堂神甫》。合同金额2000法郎，600法郎"现钞"，其余是为期八个月的票据。唯一的条件是两部作品都得在1822年10月1日交稿。然而，这两本书都在草拟阶段。因为完成这个计划情况紧急，8月14日，奥诺雷给妹妹的信中说："这样，我们只有9月一个月来写《阿登的副本堂神甫》了，我想，为了我9月15日得到《阿登的副本堂神甫》，你

※巴士底狱时常出现在巴尔扎克的作品中

每天为每本书写两章是不可能的,因为我还得有15天时间来加工……你看着办吧。如果你同情我,就把《阿登的副本堂神甫》这本东西给我送来,如果你怀疑这是个谎言,那我就把波莱的契约寄给你,里面写如果《阿登的副本堂神甫》没有在11月印行就是违约……这个费劲的工作对你,恐怕做不到。我不信你每天能写60页小说。"

尽管她哥哥坚持,但洛尔还是将这本宝贝书稿寄晚了。为了消磨时间,奥诺雷把他带到巴耶的小说《瓦仑·克洛尔》的头几章念给周围的人听。这回碰到运气,他母亲对这本书给予好评,并从她的嘴里说出了几句称赞的话。

奥诺雷在写《阿登的副本堂神甫》期间,又致力于写《百岁老人》。他并不怕同时写两本小说,从这本小说情节跳到另一本小说的情节中,他甚至觉得是一种刺激。母亲对他的专心致志很满意,不过总认为儿子的活动是一种商业性事业,他自己首先想的也是赚钱。不过,对作家来说,金钱的困扰是难以避免的。

11月,巴尔扎克一家离开帕里西城,搬到巴黎多雷王街7号。奥诺雷也要为住在双亲家里负担费用。11月1日,他和父亲谈定并签约,每月为租金和伙食付100法郎。奥诺雷在离开帕里西城时心里想，如果说他失去了一个情人，那么这个情人一段时间以来思想交流多，而温情已很少，这次他将作为文学家，为了财产和名气而真正投入战斗。

奥诺雷搬到巴黎后，不仅改换了住址，而且把他的笔名罗纳爵士换成了一个更有魅力的名字。1822年11月，出版商波莱连续出版了"文学爵士"奥拉斯·德·圣·奥班的《阿登的副本堂神甫》和《百岁老人》。遗憾的是，《阿登的副本堂神甫》一出版，就被认为伤风败俗、侮辱宗教。当局下了查封令，波莱事先得到搜查通知，已将书藏匿。警察局取走了手稿和一本样书。幸好，当局认为禁止销售《阿登的副本堂神甫》就行了，对巴尔扎克先生未提起诉讼。

1823年1月31日，奥诺雷的外婆因病逝世。在丧事以后，奥诺雷住到多雷王街7号3层楼套间里。这就和双亲及年轻的亨利更接近了。亨利表现得轻浮、挥霍，干什么都不成。叙维尔一家住到尚罗赛，接近巴黎，欧仁在塞纳·瓦兹任道路和桥梁工程师，这使他们能定居在凡尔赛。洛朗斯在分娩后刚起床，就得应付她丈夫阿尔芒·德西雷·德·蒙塞格尔的经济困难，债务累累。奥诺雷认为她确实是够倒霉的。奥诺雷竭尽全力想获得成功，做出惊人之举，使事业辉煌。如果能挣钱，日子就不会难过。现在，他靠最初出版的那些小说，靠这种性质的文学事业挣来的钱是不够花费的。他的目的是更上一层楼。

为了激起灵感，他又潜心研究拉瓦泰的著作。按照拉瓦泰的说法，看人的外表可以探测内心的奥秘。除研究相面术外，他对神秘学也感兴趣，还编造一种思想理论，认为在某些情况下存在着"比人体更为强大"的东西，最后还受到法学院学习时的老同学让·托马西的影响。

托马西是个天主教徒，正统派人物，他劝奥诺雷这个伏尔泰的信徒皈依，尊重教会。他甚至建议别写小说了，这是一种可耻的营生。奥诺雷不听这位朋友的高论，只承认上帝是存在的，但只是以永恒的原则形式存在，而这种存在的解释是与人类的逻辑大相径庭的。他甚至想撰写《论祈祷》的文章，并告诉那时不在巴黎而到布尔日当安德尔省省长办公室主任的托马西。当他知道巴尔扎克的计划时，劝阻说："您跟我说要写《论祈祷》一事，要写这种书，光有善良的灵魂和丰富的想象是不够的，还应该有宗教经验，与主长久地交往，懂得充满布道和怜悯的唯灵论。"

※巴黎现在地标之一：凯旋门

奥诺雷听从了他的意见，放弃了《论祈祷》，用假名出版了一本《论长子继承权》《耶稣会会士评史》两本小册子，然后又写了一本小说《安妮特和罪犯》，并宣布它是《阿登的副本堂神甫》的续篇。这些文章都是预约的，按行计价，已引起大众的兴趣。然而，贝尔纳·弗朗索瓦在女儿洛尔家里看到《论长子继承权》一书，竟不知道这本小册子的作者不是别人，而是他的儿子。他对这本书的反动的思想不禁大怒，并写了一封合乎法律手续的驳斥信。

1824年6月24日，巴尔扎克家用一万法郎购买了他们当初租住的属于夏尔·萨朗比埃的房子。贝尔纳·弗朗索瓦认为农村的空气对那些想活动筋骨的老年人十分有益。

他们又很快地回到老地方居住。但是从8月开始，奥诺雷拒绝幽居外省而返回巴黎。这一次，他不住马雷区，而在塞纳河左岸图尔农街2号的漂亮房子的六楼租了一套房子。

德·贝尔尼夫人对迷恋奥诺雷也感到吃惊，她喜欢的这个人该是儿子辈的人。他们交往之初，她表现得像慈祥的母亲、在行的专家，是逗着玩的，也确带有嘲弄的味道。但是，经过4年的接触，她似乎对他真的倾心了。

奥诺雷在爱情方面挺得意，但在文学方面状况不佳。他为了微薄报酬，用假名字与许多报纸合作。他和伏尔泰咖啡馆及米内尔芙咖啡馆的朋友们为赚钱营利编写一些小册子，并开始写历史小说《被开除教籍的人》，写了几章后又不干了，为《瓦仑·克洛尔》（或《苍白的雅内》）找不到出版者而伤心。尽管混饭吃的这个行当使他反感和厌倦，但他还不想辞职不干。他还需要创造人物，编写情节，用文字创造一个世界，这比一个默默无闻的作家的失望更为强烈。有一天晚上，事情已到了无法容忍的地步。德·贝尔尼夫人的爱情并不足以说明他是一个有本事的人。此外，自己在巴黎，离她很远，只有孤独和晦气。他看到纸和墨水就恶心。他离开住处，沿着塞纳河岸走去。艾蒂安·阿拉戈经过桥上，看见他靠着栏杆，眼睛盯着黑色的流水。他吃惊地问："好朋友，您想干什么？您想学《愤世者》中的人物吗？想吐唾沫到水里画圆圈？"巴尔扎克说："我看塞纳河风景，自问该不该躺进潮湿的水波中去。"艾蒂安·阿拉戈大叫："您想什么，想自杀？您发疯了。走吧，跟我走。您吃饭了吗？我们一起吃饭去。"

奥诺雷想自杀这件事并不算一件深思熟虑的事。他与艾蒂安·阿拉戈吃完饭后，已不当回事了。他想的是工作在召唤他，而不是塞纳河。

与此同时，德·贝尔尼夫人把帕里西城的房子卖掉，来到巴黎，在奥诺雷住处附近住下。她害怕随着岁月的流逝，她的脸和身体越来越趋衰老，这种想法使得她更觉得每天都需要见到奥诺雷。

奥诺雷因为在写小说的巨大工程上不得手，于是想最后一搏，用假名出版了《老实人法典》，他满怀激情抒写了20种骗子的图像。这些《法典》（《旅行推销员法典》《文人和新闻记者法典》《雅士法典》等）的思想属于奥拉斯·雷松。在1829年再版《老实人法典》时，他又签过这个名字，虽然文章思路均出自奥诺雷之手笔，但将他的手稿中的一部归另一位作家丝毫也不妨碍奥诺雷在这方面所拥有的丰富的思想观点。他认为，为这种系列产品争长短是丢脸的事。

此外，他几乎要放弃文学而去经营商业。他的好友让·托马西明确地建议：先看准一个有用的方向，另外，再搞点文学。在吃餐后点心时，先得把正餐吃好，这就可

※路易十四十分喜欢莫里哀与拉封丹

以安安稳稳放心睡大觉了。总之，就是在商业或工业里挣点钱，用来保证写作。如果认为这样做合适，那就别焦急，也别考虑商业利润。奥诺雷后悔他该更早些时候想到这点。恰好，奥拉斯·雷松介绍他和圣·安德烈艺术街30号的出版商于尔班·卡内尔联系，他和同行德隆尚准备出版拉封丹和莫里哀的全集，每版是8开本一册，密密麻麻小字体，每页两栏。这个想法使奥诺雷着迷，他似乎已经看到热情的读者在书店里抢购图书，大家都急不可待地想得到这种既方便又大方的

法兰西文学宝库。当莫里哀和拉封丹将会使巴尔扎克发财时，他可以从容不迫地编写不朽的著作，而那些认真的出版商却为出版物的名誉问题争论不休。

这个计划是挺诱人的，据奥诺雷的看法，资金会自己涌来。他没有更进一步考虑这个问题，与于尔班·卡内尔订立合同，合理分享赢利、投资和事业风险。巴尔扎克家的朋友达松维莱·德·鲁热芒借给他6000法郎现金，搭配高利息3000法郎以出版《莫里哀》。德·贝尔尼夫人为《拉封丹》出资9000法郎。她确信这一回奥诺雷将跳出泥坑，抬起头。他的双亲也认为儿子这次找到了正路。

巴尔扎克已动身赴阿朗松与雕刻家皮埃尔·弗朗索瓦·戈达尔接洽作品的插图问题，回到巴黎后着手为《莫里哀》和《拉封丹》各写一篇序言。这两本书的版本用微小的字体，密密麻麻地排印。对于当时的市场而言，图书价格是贵了一些，预订者很少。奥诺雷已开始怀疑这次运作能否成功。

他的妹夫叙维尔比他走运，谈判获得成功。他当上瓦兹省桥梁和道路工程师后，在凡尔赛的莫尔巴街2号有了寓所。奥诺雷没想到会住得这么近，心中十分高兴，经常

文坛拿破仑——**巴尔扎克**

去看望妹妹,他妹妹很快与城里的上流社会建立联系。经过妹妹的介绍,他认识了凡尔赛的知名人士。

3月15日,洛朗斯生了第二个儿子阿尔封斯后,身体迟迟不能恢复。她和母亲住在巴黎多雷王街7号自家的居室里,自知自己不久于人世,往事不堪回首。她父亲待在帕里西城,对这一悲惨的结局无动于衷。

1825年8月11日,洛朗斯死了,这一年她才23岁。她哥哥是在凡尔赛的妹妹洛尔家得知消息,洛尔自己也有身孕,行动艰难。为了不惊动她,大家并未把这件事告诉洛尔本人。

妹妹的离世深深地触动了奥诺雷,他决定到图莱纳待几天换换脑筋。他也希望那里美丽的风景能治好他的牙疼和不断折磨他的神经性抽搐。

一个星期一个星期地过去,他所幻想的胜利仍无任何迹象,也没有任何指望。按逻辑他该放弃一切,但他仍继续匍匐前进。

※ 巴黎是艺术家梦想的天堂

经商的惨败

※拉封丹

拉封丹是否也和莫里哀那样不时兴了？书卖不出去，奥诺雷债务累累，他的合伙人把他弄得全面崩溃。但他并未因此感到不安，倒蛮高兴地独自挑起担子。在父亲、德·贝尔尼夫人、达松维莱先生的鼓励下，他决定今后同时当发行人和印刷人。1827年7月15日，他与原来在塔斯图厂子里当监工、现在自办企业的安德烈·巴尔比耶谈妥合作事宜。但干这一行，要由警察局调查后，由内政部发印刷执照。德·贝尔尼夫人无疑是出于好意，利用她的关系在上层活动、交涉，而当事人得到同意的通知："奥诺雷·德·巴尔扎

文坛拿破仑——巴尔扎克

※莫里哀侧面像

克先生出身富裕家庭，善于思考，脾气很好，他学过法律并当过文学家。"莫里哀、拉封丹作品的剩余书籍亏本转让给书商博杜安，由他负责赔偿债权人。购买马雷·圣日耳曼街17号的印刷厂及其设备款项6万法郎由约瑟菲娜·德拉努瓦夫人贷款支付，她是银行家杜梅克的女儿、巴尔扎克家交情深厚的朋友，由奥诺雷父母当保人。

印刷厂收拾妥当以后，巴尔扎克开始忙碌，他得推动使用36个工人的机构。当时迪多用200个工人，埃弗拉用500个工人，巴尔扎克的印刷厂只不过是个小企业。房子的底层由印刷厂本身占有，窗户朝向马雷·圣日耳曼街。有铁栏杆的转梯通到第二层，那里是巴尔扎克的套间：客厅、餐厅、起居室是带有一张大床的卧室。墙上贴着蓝色薄纱，使这间陋室带有纯情的色彩。德·贝尔尼夫人每天都到奥诺雷房里来，不怕工人的乱杂和机器的冲击声，油墨、纸张、糨糊的味道从车间直冲楼上。她和奥诺雷一起看账本、检查发票，使新老板能施展宏图。1827年8月1日，奥诺雷建立了自己的印刷字模厂。巴尔扎克·巴尔比耶公司来了第三个合伙者——让·弗朗索瓦·洛朗。德·贝尔尼夫人大胆地进行了必要的投资。

知识链接

莫 里 哀

莫里哀（Moliere），法国喜剧作家、演员、戏剧活动家，法国芭蕾舞喜剧的创始人。其本名为让·巴蒂斯特·波克兰（Jean Baptiste Poquelin），莫里哀是他的艺名。莫里哀是法国17世纪古典主义文学最重要的作家，古典主义喜剧的创建者，在欧洲戏剧史上占有十分重要的地位。其主要作品有：《可笑的女才子》《太太学堂》《伪君子》《吝啬鬼》。

※巴尔扎克

尽管巴尔扎克其貌不扬,德·贝尔尼夫人继续把他看成超人,他既稚气,又爱喧闹咋呼,很有天赋。若干年后,他曾吐露真情:"德·贝尔尼夫人对我来说如同上帝。她是母亲、女友、朋友、参谋;她促成了作家,她安慰了年轻人;她掉眼泪时像姐妹;她也笑。她每天都来,就像是让人安睡,让痛苦安息。"尽管有这位"迪莱塔"(最亲爱的人)的监护,但巴尔扎克老是泡在账本里。他不会算账,也不会做规划,在管理方面毫无秩序。他习惯于看得太高,走得又太远。

从1828年初开始,他已穷途末路。达松维莱先生忘记那些漂亮的条款规定,要求偿还款项。催债单据接二连三,而顾客却越来越少。德·贝尔尼夫人开始思忖,鼓励她的情人投入印刷业是否犯了错误。当巴尔扎克埋头写小说时,她倒心情比较平静。她做事总是深思熟虑,她不怕巴尔扎克会不忠实,怕的是破产的羞辱。1828年2月,安德烈·巴尔比耶放弃印刷厂,他已预见到财政上已垮台。巴尔扎克·巴尔比耶公司解散,而以洛朗、巴尔扎克和德·贝尔尼取代。在3.6万法郎资金中,迪莱塔投资9000法郎,1.6万法郎是由让·弗朗索瓦·洛朗提供的印刷厂折合的款项。而奥诺雷在营业资产负债表中,是4500法郎的债务人。债权人的票据不断送到他住处。因为此类票据太多,他把它们留在办公桌上、椅子上,压在钟座下。夜晚,他在梦中也看到债台高筑。白天,他也难以忍受那些未付工资的工人的目光。

他终于从这间房子溜走了,因为破产的迹象太明显了。他躲到他的朋友——作家亨利·德·拉图什那里,后来又以妹夫叙维尔的名义,在卡西尼街1号的三层租了一套房子。他想,在那里至少不会有人来找他算账。不久,他办的公司情况更糟糕,他只好以6.7万法郎的价格将其出让给巴尔比耶,包括设

文坛拿破仑——巴尔扎克

备及印刷执照在内。这次转让可以清偿那些要得最急的债主。这么一算，奥诺雷还有5万多法郎的债务，其中4.5万法郎是他父母的债务。二老害怕儿子被当成无偿还能力的债务人关进监牢。奥诺雷的母亲请求担任商业法庭代理推事的表哥夏尔·塞迪约妥善、友好地解决此事。

奥诺雷·巴尔扎克不再是字模厂、印刷厂的创办人，也不当出版商了，他感到自己只是一个作家了。但他确信，涉足商界对他不会是无用的，他学会与那些贪婪的人打交道。当他打算描绘那些在无情的银行界为生存而斗争、经受种种折磨的形象时，他就想起了其中的情景。

巴尔扎克也不怨恨那些提了不妥意见甚至一起经营的人们。他对卡西尼街的新居非常满意。好心的拉图什精心装修，细木护壁板都洗得干干净净，墙上贴有发光的蓝布。有一扇挂着毯子的暗门通往浴室，浴室墙上有涂白灰泥的护壁，天花板上有一扇装有淡红色玻璃的窗户可用于照明。卧室是白色和玫瑰色的，十分浪漫。巴尔扎克首先操心的是找些家具和摆设来布置内部：从蓝狐商店买来的价值140法郎的三块地毯，价值140法郎的黄色大理石底座的座钟，还有一个桃花

※ 卢瓦尔河畔的巴尔扎克故居

心木书架,整齐排列着包着深红色摩洛哥羊皮封面的书,还有一些安特拉格的巴尔扎克家族的武器。总之,他要使住处安排得大大方方。他还在黎塞留街108号比松裁缝店订制了价值45法郎的黑裤子,白色背心合15法郎,卢维埃蓝细呢礼服合120法郎,黑白人字呢裤子合28法郎,麂皮缝合的背心合20法郎。出人头地和一鸣惊人的想法使得他对采购事务不屑一顾,让别人,其中包括忠诚的塞迪约,用期票、各种汇票、拒绝证书等去应付。他自己则想尽快享受尘世快乐,哪怕冒早死的危险。

巴尔扎克觉得有这么多人对他忠心耿耿,这么多人帮助他,使他快快乐乐地生活,那是很自然的事。他脑子里有很多计划,他不满足于平淡的命运。他为了名副其实地像个人物,生活中,在装饰和衣着上,都得讲点排场。

他已从印刷厂这个熙熙攘攘的地狱里溜走。他想,世界上最好的职业就是一个人静静地坐在办公桌前,手里拿着笔,编写一些故事,千千万万的陌生读者以后会看这曲折离奇的故事的。

知识链接

拉 封 丹

让·德·拉封丹(Jean de la Fontaine)(1621—1695)是法国古典文学的代表作家之一,著名的寓言诗人。他的作品经后人整理为《拉封丹寓言》,与古希腊著名寓言诗人伊索的《伊索寓言》及俄国著名作家克雷洛夫所著的《克雷洛夫寓言》并称为世界三大寓言。主要著作有《寓言诗》《故事诗》《普叙赫和库比德的爱情》等。他被19世纪法国著名文学评论家泰纳誉为"法国的荷马"。雨果的《巴黎圣母院》以及莫泊桑的《一生》都提到他是法国古典文学作家中著名的诗人。

拉封丹的寓言善于借用现成的民间故事情节,运用诗的语言对之进行再创作。拉封丹创作的寓言故事擅长以动物喻人,讽刺势利小人和达官贵人的丑恶嘴脸。他的寓言文笔高雅,寓意深刻,讽刺辛辣。他的寓言诗对17世纪法国社会上的丑陋现象进行了大胆的讽刺。

初尝胜果

几个星期以来，巴尔扎克想重新拿起笔，想想这段小说情节，又想起另一个情节，但总是决定不了写什么。他终于排除其他题目而采用朱安党人的题材。从1827年起，他找到题目：《小伙子》，甚至还有撰写告读者书的计划，由于不想署真名，他曾选用维克多·莫里永的笔名。不久，有感于人物的活动，他在序言中放弃用笔名，决定在《小伙子》一文中签奥诺雷·巴尔扎克的名字。

然而，他确信作品如果仅是重现气氛和时间是不够的，他必须到现场收集第一手证据并研究故事发生的场所。由于考虑到事情的真实性，对人对事都得关心，要考虑到人物的面孔、风景、小摆设、习惯动作、穿着、讲话、饮食的方式，这对一个人的性格来说比冗长的心理分析要好得多。他对构思的人物的描写要精细，这些人物也关心他的手稿，他们有血有肉，讲话声音、穿着、身上的气味都历历在目。这些幻觉从头脑传到手里，这已经不是描绘的形象，而是在孤寂的生活中接待具体人物。

他希望读者能像对待活人、伙伴一样接受他们。

德·贝尔尼夫人每天都到卡西尼街看望他，鼓励他从事写作。巴尔扎克的朋友拉图什是个爱唠叨和乐于助人的人，他也向巴尔扎克保证，旺代的冒险故事是个好题材，读者准会认为是抢手

图 说 名 人

名人名言

苦难对于天才是一块垫脚石，对能干的人是一笔财富，对弱者是一个万丈深渊。

——巴尔扎克

※卢瓦尔河流经的图尔省曾孕育了巴尔扎克、拉伯雷、笛卡尔等名扬海内外的诸多文人学者

货。此外,历史小说很时髦。巴尔扎克想,这已经不必再犹豫,得快马加鞭,法兰西全国都在等待他的新作。但是,他发誓在参观戏剧主人公生活的地区前决不动笔,他已对此略见端倪。恰好,他想起他的父亲在图尔与省长弗朗索瓦·勒内·德·波默勒尔很要好。省长虽已于1823年逝世,他的儿子吉尔贝是位退休的将军,居住在朱安党人的故地中心富热尔。他在城里有一座漂亮的房子,在附近的乡下有两处别墅。巴尔扎克在巴黎时已与他会过面,心里很踏实,他在信中请求他恩准在那里住些日子。

德·波默勒尔将军回信中说很高兴接待他,巴尔扎克立刻登上了布列塔尼的驿车。他下榻在阿朗松,顺便游览了该城,他怀着探险者的热情抵达富热尔。将军和他的夫人像接待相处很久的老朋友那样热情,其实他们刚认识。波默勒尔男爵夫人比丈夫年轻多了,对这位多嘴多舌、眼睛闪光的新来客人挺喜欢,他绘声绘色地讲述了路途上坐着破车经历的难受的旅行插曲。

他到达没几天,在客人与主

文坛拿破仑——**巴尔扎克**

知识链接

法国封建爵位的划分

第一等级是公爵和公爵夫人，第二等级是侯爵和侯爵夫人，以上为大贵族，爵位由国主册封，另外公爵也有可能自有公国，自为一国之主。在中央集权不强时，侯爵也可能自有侯国，例如普鲁士在早期就是一个侯国，国主为神圣罗马帝国选帝侯之一，类似我国春秋战国时期的诸侯。第三等级是伯爵和伯爵夫人，为中级贵族，爵位也由国主册封。第四等级是子爵和子爵夫人，第五等级是男爵和男爵夫人。以上两级为小贵族，爵位可由国主、公爵、侯爵册封。由公爵、侯爵册封的子爵和男爵地位类似于大贵族的家臣。上述五个等级的贵族爵位都可以世袭。世袭办法是爵位由长子继承，如果长子去世就由次子继承，若无次子就由长女继承。当然，也可以由贵族自己指定的亲属继承。第六等级是骑士和勋爵，属于不入流的贵族，一般适合于中小贵族的非长子，一般骑士授予有军功者，勋爵授予对王室或国家有贡献者。这个等级也适用于有理想有抱负的平民，算是进入贵族阶层的第一步，等再有机会好向上爬，虽然这对于平民来说很难。这个等级的爵位不可以世袭。

人之间就建立起深厚的友谊。他喜欢他的房间，非常爱吃早餐中的脆饼，热情地听着将军讲内战中的故事。每天早晨他跟将军到荆棘丛生的荒野和茂密的树林里去，那里过去是朱安党人藏匿准备伏击的地方，城堡四周是叛乱者头目们开会的地方。在导游的带领下，他会见了悲剧的幸存者，询问那些记得蓝党残酷和恐怖的教士，他把听到看到的一切都做了笔记。不过，巴尔扎克担心资料太多记不住，而且，能否用这些材料充实他的小说？他开始谨慎地用它草拟前几章。德·波默勒尔夫人不喜欢他选定的小说名字——《小伙子》，他就用另一个名字《朱安党人或30年前的布列塔尼》，后来又用《最后一个朱安党人或1800年的布列塔尼》，最后于1841年，简洁地定名为《朱安党人》。

拉图什从巴黎给他写信，催促他赶紧干完准备工作，带着手稿回卡西尼街。德·贝尔尼夫人也抱怨再一次被遗弃了。

最后，巴尔扎克终于回去了。他没有回到卡西尼街去，而是躲到凡尔赛的父母身边和叙维尔家。1828年9月15日，他在那里给德·波默勒尔将军写了一封感谢信，感谢将军在富热尔期间对他的盛情款待。

※ 图中的景色时常出现在作家的书中

虽然拉图什看他精雕细刻文章有点不耐烦，但是巴尔扎克不愿仓促从事，这部作品应该是无可挑剔的。这本书分两册，是质量上乘的八开本，而不是普通的十二开本。直到10月末，他才回到卡西尼街住所，在那里找来拉图什，给他看他的小说。巴尔扎克对朋友挑剔的见解已很习惯，等待着严厉的批评。

拉图什已被奥诺雷的书所征服，担任该书的出版和推销工作。他与出版商于尔班·卡内尔谈及此事，由于卡内尔对负责此事犹豫不决，拉图什决定自己负责排版费用。但是，别人不愿印体面的八开版，认为用一般的十二开本就行了，全书分4卷本。1829年1月13日，手稿由拉图什交给印刷商。1月15日，与于尔班·卡内尔签订合同：初版发行1000册，支付给作者微薄的报酬1000法郎。书页上，第一次写上奥诺雷·巴尔扎克的名字。巴尔扎克衡量了在读者面前暴露真实姓名的风险。但是，他已意识到，今后要摆脱单纯制作作品，而要实现创作艺术作品，必须有勇气使用真名。为了使作品完善，他在校样上再作修改。

这本书于1829年3月从印刷厂印出。在向巴尔扎克发样书时，巴尔扎克给德·波默勒尔男爵的信中说："这本书有您的一份贡献，因为事实上，有些珍贵的片断是您在喝着美酒和吃黄油脆饼时详尽和慷慨陈述的。从作者的心，直至他的笔法和回忆，这一切都是您的。"

对《朱安党人》的出版，和期待的结果相反，批评界却十分冷淡。只有勒普瓦特万的报纸《海盗》上有一篇赞扬的文章，另外一篇是登载在1829年4月12日的《费加罗报》上，那是直接关心新手成就的拉图什写的："有诗情雅意，表达有力，色调绚丽，品位很高。"但是他也忍不住揭露总体来看"十分单调"，剧情"混乱"，描写段落冗长，"将读者想象力引入歧途"。《全球报》指责巴尔扎克的语言"错误和矫饰"，经常离题。《软毡帽报》还比较客气："此书情节太复杂，令人困惑，写作缺乏经验，性格描写不突出。在此以外，风格低下，而作者以此作为风格特色。"只有《百科全书杂志》敢说："《朱安党人》的女主人公

文坛拿破仑——巴尔扎克

是非常真实的,令人赞叹的,报道可靠,堪称楷模,可能是法国第一部历史小说。"但是,这个赞扬来得太晚了。到1829年6月,只卖出300册书。

拉图什对这次出版《朱安党人》赔钱感到惋惜,暗地里因这次失败怨恨巴尔扎克。《朱安党人》的垮台也使他们的友谊垮台了。奥诺雷还不让他的亲人对他最近发表的作品妄加评论,他特别不爱听母亲对他的斥责。

然而,他不能长期远离妹妹,妹妹是他最知心的人。对书的质量,她好歹能给些安慰。尽管书的销路不好,她认为他在事业上已打开了路子。她为他感到骄傲,并把他介绍给在凡尔赛和附近的朋友。欧仁·叙维尔把他介绍给一个过去在理工学校的老同学,现在担任凡尔赛附近圣西尔学校的研究部主任的弗朗索瓦·米歇尔·卡罗。他的夫人是一个33岁的女人,她虽不漂亮,但为人坦率,很机智,颇有男子汉雄赳赳的气派,在家人中颇有影响。面对这个女人,奥诺雷不知道他是否需要这个性别上是女子,而风度上既有使他困惑而又讨他喜欢的男子式的人物。经过几次拜访后,他就发现从卡罗夫妇那里能得到一种新的友谊聊以自慰。

他需要这种友谊,因为,一回到家里见到父母,碰到的只是悲伤和怨恨。他母亲指责他是"不孝"之子,自己没法养活自己,却把钱浪费在买小摆设和梳妆打扮上。而洛尔想方设法向父母解释,一个作家需要安静和舒适的环境以生产他的杰作,但无济于事。

贝尔纳·弗朗索瓦的身体每况愈下。尽管他有长寿秘方,吹牛能活到百岁,在83岁时,还是离世了。1829年4月末,医生对他的身体越来越担心,说是肝里长了瘤子,需要紧急手术。手术在医院进行,没有成功,他于1829年6月19日去世。追思祭礼两天后在圣·梅里教堂举行,遗体埋在拉希兹神甫公墓。

由于死者早已将命运押在养老上,他的寡妻处境就很不妙。在清理夫妇共同财产时,她的嫁妆、母亲和侄儿的遗产,总值不少于20万法郎,但资产不过15万法郎。但巴尔扎克全家都继承不了遗产。奥诺雷在1826年7月1日提前支取3万法郎;1828年12月6日,洛尔的嫁妆支取了同等数额;此外,巴尔扎克夫人答应在第二个儿子到30岁时,给他1.5万法郎,同时,马上要付给她以前的那个讨厌的女婿蒙塞格尔1.5万法郎。奥诺雷因外出旅行,没有参加公证人的会议。然而,父亲的死使

※年轻时的雨果

他感到很痛苦。尽管他取笑老爹那种养身防老的恶癖和治疗,但对父亲还是很感激。他从来没有感到与父亲有什么隔阂,虽然他总觉得自己在家庭中是个外来户。

《朱安党人》的读者不多,但有些有身份的人士,都因为读了这本书而有兴趣会见其作者。巴尔扎克也渴望抛头露面,经常出席画家弗朗索瓦·热拉尔的星期三聚会,在那里能见到欧仁·德拉克鲁瓦、大卫·当热、阿里·谢弗等著名画家,并与他们热烈地讨论美学。但这都比不上1829年7月10日那一天,巴尔扎克感到无比的骄傲、幸福和欣慰。那天,维克多·雨果邀请他去听新剧本《玛里翁·德·洛尔玛》的朗读。朗读会在这位著名作家的圣母院广场街11号寓所里举行。在那里,有阿尔弗雷德·德·缪塞、阿尔弗雷德·德·维尼、圣伯夫、维尔曼、亚历山大·仲马、梅里美等著名作家。在这种权威人士的聚会中,巴尔扎克感到自己很渺小。理所当然,这个剧本获得了真正的成功。谁都惊叹这位27岁的天才,他有迷人的妻子,三个漂亮的孩子,一部了不起的作品。同事们都承认,雨果凭这部作品就称得上是年轻一代浪漫派作家的领头人。《克伦威尔》被认为"不适合演出",但《玛里翁·德·洛尔玛》被预言是一部成功作品。巴尔扎克也随声应和,称赞这部作品,而在心里却觉得吹捧得过分。巴尔扎克屈从于文学集会的诱惑力,但对掩盖在高谈阔论中的妒忌猜疑、奸诈虚伪、尔虞我诈极不赞成。他嘲笑对雨果的溜须拍马,对自己未被吹捧也很难受。

巴尔扎克也经常出入督政府时期"时髦女郎"克里奥尔人福蒂内·阿默兰家,1812年在波罗金诺战役阵亡的俄国有名将军的寡妻巴格拉蒂荣公主家,还有浪漫派巨子们经常去献殷勤的可爱的索菲·盖伊的家。他的兴趣游移在名人们出入的沙龙和那些他可以引以为荣的漂亮女人之间。这些女人对他都

文坛拿破仑——巴尔扎克

有吸引力,有多少张面孔,就有多少个秘密可探求。他希望自己有百倍的魅力,有百倍的手腕去诱惑她们。尽管德·贝尔尼夫人钟爱他,但他也知道自己的缺点:身材矮胖,才智平平,天真稚气,过分地想表现自己。他迫切地要写一本有关女性生活状况的书,好像这样能证明他的能力一样。

1829年12月20日,"由年轻的单身汉"写作的《婚姻生理学》出版。

《婚姻生理学》获得的成就使巴尔扎克后悔自己没在书上写上自己的名字。最后,他利用人们对他的同情,以及作为女权辩护人的名声,决定透露真实身份。他决定利用读者对他的迷恋,转向写作像《朱安党人》那样的历史小说,写一些受现代习俗启示的小说。

1830年4月13日,《私人生活场景》以8开本、两册的形式,在马姆和德洛奈·瓦莱出版社出版,署名奥诺雷·巴尔扎克。奥诺雷领到一张1200法郎数额的可支付期票。当某些女读者被《婚姻生理学》的讽刺笔调吓唬住时,这一回,全都对作者在故事中对女性既残忍又温柔的描写所倾倒。巴尔扎克想,这回可一帆风顺了。在阅览室里,人们在吹捧他的书,出版商求他再写几本新书稿,那些标价很高的报纸给他开辟专栏。他给埃米尔·吉拉丹的《强盗》写了很多文章,也为《剪影》《时装》等所属的集团的出版物写文章。不管他攻击的是什么主题,他的意见都是击中要害的。

奥诺雷对巴黎的不安定生活已很厌烦,他回转身来找德·贝尔尼夫人,他至少相信,她确能赞同他,帮助他继续干他的事业。确实,他已经不再想她了,对他来讲,她只不过是个女人。她已瘦骨嶙峋,面色苍白,目光暗淡,笑起来也有些凄凉,她在他眼里只代表青年时期的回忆。但是,他清楚地记得她如何帮助他成长,使他成为作家,他深深地感谢她。在漫长的岁月中,她对他体贴温柔,十分耐心,有母亲般的疼爱。在她身边,他干起工作来十分称心,仅这一点,就把其他的都超越了;仅这一点,就使"迪莱塔"几乎恢复了往日的美丽。

1830年春天,他决定与德·贝尔尼夫人一起到图莱纳的圣西尔-卢瓦尔待几个月。在很小的时候,他在那里由奶妈照料,并在格勒纳迪埃租了一间迷人的老房子,房子的平台朝向卢瓦尔山谷。在安顿下来前,他俩坐船游览了索米尔、勒克鲁瓦西克、盖朗德等地。

这些平静的城镇使他们感到心

※《自由引导人民》描写的就是"七月革命"时民众的英勇反抗场景

旷神怡,认为除了熙熙攘攘的巴黎外,到处都是福地。到达格勒纳迪埃以后,巴尔扎克觉得自己已被图莱纳的景致征服了。他为了自我消遣和挣点钱,炮制了一本题为《风流雅士论》的书,这是献给游手好闲的布鲁梅尔式的花花公子的,给艺术和哲学穿上一件漂亮的外衣。德·贝尔尼夫人对这部不入流的作品感到失望。但是,他过于自信,对老情人的意见不予考虑。她动身到巴黎时,行李中带走了此稿的最初几章。

1830年9月,巴尔扎克遗憾地离开图莱纳,又重新置身于熙熙攘攘的巴黎。聚尔玛·卡罗一家求助于他,因为聚尔玛(巴尔扎克的主要女性支持者)的丈夫在行政大变动中差点丢掉圣西尔的职位。尽管朋友们为他奔走,卡罗将被任命为昂古莱姆火药厂督察,降职似乎无法避免。他们回巴黎的真正动机,既不是卡罗的挫折,也不是被遗弃的德·贝尔尼夫人的恳求,那是埃米尔·德·吉拉丹向他为《强盗》杂志约稿——《巴黎信札》。这些文章将是根据外省读者的意图写巴黎居民在七月革命后的精神状态,因此,他得就地考察。

在与《强盗》杂志合作之初,他想表现得不偏不倚,并以讽刺的笔法描绘"七月革命"参加者的几个典型人物。他嘲笑那些自命英雄的人物,当巷战激烈时,从未离开过房间,而一旦秩序建立后,为了抢职位和薪俸,宣称他们属奥尔良派。在他看来,当今的政府与以前的政府并无区别。巴尔扎克以辛酸的心情和从哲理的角度注意到以上事实。他在斥责老百姓缺乏战斗力的同时,对能不间断地从事他的事业的现状倒不是不满意,只要他的思想获得胜利。在沉思之后冷静下来时,他可能会叹息。他一方面是要编写一些故事取悦同时代人,另一方面是刺激他们起来反抗,去推翻这种秩序。尽管这种秩序有缺点,却能使个人过平静日子。

此时,巴尔扎克一家人,都以奥诺雷为榜样,谁都想功成名就。他的妹夫欧仁·叙维尔,嫌在桥梁

文坛拿破仑——巴尔扎克

和道路工程局的位置与他的能力不相称，待遇菲薄，于1829年辞职，他想建一条横贯卢瓦尔省，从奥尔良到南特的运河。1830年，叙维尔一家离开了凑合谋生的凡尔赛，来到巴黎教堂街22号定居，并想发财致富。然而，他并未得到运河的正式让与权。亨利在法国最好的寄宿学校上学，因为懒惰和懦弱，老师对他很失望，试了几种工作也一无所成，又想学几种外语到国外混个闲差，终于在1831年3月31日登上马加兰号帆船，想到殖民地碰运气。6月，他到了毛里求斯岛并决定待在那里。

在所有的孩子中，巴尔扎克夫人最想摆脱的就是无赖似的奥诺雷，当初，她对这个儿子不寄什么希望。他过着放荡的生活，开支入不敷出。他对母亲要他节制过日子的意见不理不睬，就像童年时一样。

《婚姻生理学》《私人生活场景》获得成功后，他想一举成名。最近，有一个奇怪的主题在他脑子里转。他在笔记本中写道："发明一张能代表生活的皮，东方故事。"这篇小说，他取名《驴皮记》，好像是一个超自然的传说，一种妄想性的娱乐作品，全部是荒诞想法和一些玄学构思。故事围绕着一张由驴皮制成的护身符展开。

这一块皮上写有梵文铭文，使持有者具有神奇力量，使其愿望得以实现。但是，每实现一个愿望，皮就相应缩小，当皮在持有者手中成为小片皮时，他就该死了。因而，想活得长久，就该十分爱惜生命。任何过分的欲望就是更走近坟墓一步，任何克服这种欲望的步骤就会延缓走向冥国。长命百岁就是放弃欲望的同义词。

巴尔扎克越是深入研究小说的主题，就越觉得这是一种可怕的哲学的真谛。1831年1月，巴尔扎克在完成小说之前，就以1135法郎的低价将书稿卖给夏尔·戈瑟兰和于尔班·卡内尔。但是，由于种种应酬和娱乐，作者离开写字台耽误了发稿时间。他也以作品中钟爱的主人

知识链接

卢瓦尔省

大西洋卢瓦尔省（法语：Loire Atlantique）是法国的一个省，1956年被划入卢瓦尔河地区大区，但是从历史上的角度看，该省属于布列塔尼。许多布列塔尼人提出，应该把这个省从卢瓦尔河地区取出来，并划入布列塔尼地区。

公为榜样，对任何一次邀请和任何寻欢作乐的机会都不放过。

奥诺雷当上文学新贵，欣喜异常。他靠写书和写文章挣了不少钱，买了一匹马、一辆马车、一套鞍具，还有镶有羊毛边的带姓名首

知识链接

《驴皮记》节选

一眼看去，赌客们就从这位初次涉足赌场的青年脸上看出了他心中埋藏着某种可怕的秘密：他青春的脸部轮廓，优雅中带有忧愁的阴影，从他的眼神中，可以看出他为之奋斗的目标并未实现，他的无数希望都已落空！决心自杀的人那种充满忧郁的麻木神情，给他的前额蒙上一层病态的惨白色，痛苦的微笑使他的嘴角泛起了两道浅淡的皱纹，而他脸部流露出的那种无可奈何的神情，更使人看了难受。在他眼睛深处闪烁的某种隐秘的天才的光芒，也许已被情欲的疲劳所掩盖。是不是放荡生活已在这一副从前是那么光彩，如今却这样颓唐的高贵脸孔上打下了肮脏的烙印？医生们无疑会把眼睛周围的黄圈和面颊上的红晕归咎于心脏病和肺病，至于诗人们也许更愿意把这种征兆看作是刻苦钻研学问造成的损伤、熬夜苦读所留下的痕迹。但是，比疾病更致命的情欲，比钻研创造更无情的疾病，却使这青春的脑袋受损，使这活泼的肌肉萎缩，使这颗仅仅被狂饮暴食、学习和疾病擦伤一点儿的心给绞碎了。正像一个著名的罪犯来到监狱，被其他囚犯怀着尊敬的心情欢迎那样，这一群人世的恶魔，受苦的行家，也在向一种空前的痛苦，向他们用眼睛探测到的一种深刻的创伤致敬，他旺盛的青春活力，还正在和涉足不深的淫邪生活所造成的损害作斗争。光明与黑暗，空虚和存在，正在他身上进行搏斗，因此在他身上同时流露出优雅和可怕的特征。这青年人到这儿来就像一位失掉灵光的迷途天使，以致所有在场的恶习和秽行的老行家，就像掉了牙的老虎婆看见一个即将堕落的漂亮少女，动了恻隐之心，他们几乎要对这位初出茅庐的小伙子嚷道："你快出去吧！"可是，这青年人竟一直走向赌桌，站在桌边不假思索地把手里的一枚金币向桌上抛去，那金币正好滚在黑点上；然后他像意志坚定的人憎恶纠缠不清的诡辩似的，用好斗而又冷静的眼光向那位赌场的帮手瞟了一眼。

文坛拿破仑——巴尔扎克

字母和圈形图案的蓝遮布。一个月以后，他又买了第二匹马来驾车。

尔后，他突然决定躲开巴黎喧闹的玩骑术似的生活，到外省的洞穴里去埋头写作。3月份，他躲到昂古莱姆火药厂卡罗家，4月到德·贝尔尼夫人在纳穆尔附近的罗尼埃尔租的房子里。在这些地方全神贯注地写《驴皮记》，他觉得充满政治热情。他脑子里有怪诞想法：参加1831年竞选。如果他当选，既是作家，又是议员，双倍出名。但是要当候选人，得有500法郎的纳税额才有资格。而在1831年，巴尔扎克只交了31.35法郎的税。他耍了个花招，拿着母亲名下的财产当自己的，那就可以去竞选了。

为了促成议员选举之事，他出版了《对两个部的政策调查》。在这篇文章中，他建议在人民中宣扬智慧，建立一个立足于穷人与富人相互放心的契约基础上的政府。用什么办法取悦于希望得到保障的广大群众，同时又能讨好害怕地震的精英分子？好像各种机遇都在他这边。比之那个他高谈阔论的国家代表们的议会，他更喜欢自己的房间，他可以高高兴兴地编写他的故事。不过，他还是放弃了当候选人的想法，也不想到康布雷旅行以会见他可能的支持者，也不想到布罗

尼埃尔找德·贝尔尼夫人，他相信她在内心里也赞同他的明智决定。

巴尔扎克躲在外省期间，夏尔·戈瑟兰催促并请求他赶快交付已答应的书稿。最后，书终于出版了，巴尔扎克已精疲力竭。读者及公众会怎样对待这本寓意毒辣的书呢？为了证明批评界"看好"它，作者自己给《漫画》杂志写了篇署名亚历山大·德皮的文章来吹捧这本书。幸好，其他新闻记者亦步亦趋，专栏作家一致吹嘘这是稀罕难得的高品位的书。

小说的销售使那些职业批评家眼红。这部既有欲情又有幻灭的故事拨动整整一代浪漫主义作家的心弦。在这本书里，人们既可以品尝到现实主义和魔术，又可领略到清晰的描写和神话般的想象力。巴尔扎克自己也对本书获得成功感到吃惊，他在写书之初，只想写逗乐和荒诞的故事。在3年里，写了3本小说，他就成为一流的了不起的作家。书库里的书很快销售完了，巴尔扎克与戈瑟兰签了新合同，规定出版商可以印1200本《驴皮记》，出版8至10本已在报刊上发表过的哲学小说或故事。这次，出版商预付了4000法郎期票。巴尔扎克立刻动手兑现诺言，题材五花八门，无奇不有。

追 求 奢 华

巴尔扎克的愿望是，在名气上比得上雨果，在阔气和排场方面比得上欧仁·苏或拉图尔·梅泽雷。特别是拉图尔·梅泽雷更使他着迷。此人神气十足，满脸络腮胡子，颇得女人欢心，在新闻界很吃得开。他与埃米尔·德·吉拉丹一起办《强盗》杂志和《时装》杂志，每月要巴尔扎克3篇文章，付酬100法郎。他在出版业的合伙人是埃米尔·德·吉拉丹，这是一位强人，于1931年娶了索菲·盖伊的女儿，金发披肩、笑容可掬的德尔菲娜，在她的身边，集合了一批当代的大作家。

巴尔扎克以置身于这个文学社团感到骄傲。

巴尔扎克为了使自己与出名作家名声相称，不惜巨资购置最新式样衣服，上光的黄手套。他还在裁缝比松店里订制了三件白色睡衣，腰带有金属球。他母亲央求他缩减开支，但不管用，他花钱像流水。他想，他之所以像疯子似的玩命，为的是让巴黎公众知道他生活得很舒服。因此，在他身上有奇怪的混合体：思想上严肃认真，而生活上追求世

※卢瓦尔河畔巴尔扎克故居内的卧室

文坛拿破仑——巴尔扎克

俗的体面。

聚尔玛·卡罗从伊苏屯附近的弗拉·佩斯勒给巴尔扎克写信，告诫他别浪费成性。信中说："亲爱的奥诺雷，如果巴黎给您阔绰的生活，那你如到拉佩斯勒来的话不也会给您真正的爱吗？……您是忙于描绘虚构人物的感情，您一定忘了您也是自己的亲人非常珍贵的财富……我不愿意也从来没有希望过您那种亲切的友谊给别的女人……我认为我要更高级的感情……如果有什么不称心的事搅乱了您的愉快心情，如果碰到什么令人失望的事伤了您的心，您可以告诉我，您将会看到我会响应您的召唤。"她准备回到昂古来姆火药厂，行政部门已给卡罗一家准备了带花园的房子。有一间客房在等待奥诺雷，希望他能赶紧来。

尽管这个邀请满怀深情，巴尔扎克仍迟迟未决。他得与债主周旋，对付出版商，为解决复本登载问题与报纸谈判。当他忙于算账时，他求母亲来挑选未付的账单以保证财政收入。他母亲并未改爱发脾气的毛病，但已慢慢接受儿子。当儿子获得成就时，她也接受照顾他的事务，她甚至开始相信儿子的才能。他不时请母亲看管卡西尼街的房间，而自己跑到布罗尼埃尔的德·贝尔尼夫人家，或到萨谢的

※巴尔扎克曾预言自己的作品会像宏伟的凡尔赛宫一样不朽并声名远播

让·德·马尔戈纳的别墅。

1831年10月，在众多的读者日常来信中，有一封信使巴尔扎克感到新鲜。信是写给巴黎的巴尔扎克先生的，没写明详细地址。奇怪的是，信首先由邮局送到卡西尼街，后来又送到萨谢别墅。信的署名是美国名字，可能是个假名字。信中指责在《婚姻生理学》中对女人的看法厚颜无耻。尽管信件刺痛了他的自尊心，巴尔扎克还是感谢来信者注意到他的这部作品并对此进行了有力的辩护："夫人，《婚姻生理学》一书是为维护妇女而写的。因而，对一个经历过生活风暴的女人来说，我的书的意义在于将女人对丈夫的不忠这种错误归之于丈夫。这是一种很大的宽恕……如果夫妇在结合以前，对生活习惯、性格没有充分的了解，那就不可能有幸福的婚姻，在这个原则所产生的任何后果面前，我从来不被吓倒。"

这位神秘的读者被著名的、十分忙碌的作家如此厚爱所感动，巴尔扎克竟然为自己的书作辩解和说明，这位读者最后露出了真容。她是德·卡斯特里侯爵夫人，比奥诺雷大3岁，先与德·卡斯特里侯爵结婚，1822年分手，后与另一位年轻的、体弱的情人，奥地利首相之子维克多·梅特涅在一起。1827年她生了一个儿子罗歇，罗歇被奥地利皇帝封为德·阿尔登堡男爵。1829年，维克多·梅特涅死于肺病。

巴尔扎克知道来信者的真实身份后，就像背上长上翅膀，急于相见。侯爵夫人邀他相见。当他第一次到侯爵夫人家时，她那纯白的肤色、橙黄的头发、优雅的谈吐使他十分着迷。回到卡西尼街寓所后，他对受到这位高贵夫人的赏识而感到心里美滋滋的。很快地，他想可能从她那里得到的是比尊重和友谊更深、更美好的东西……他想，在法国能有这么大名声的女友，真使他有点晕头转向。因为她有侯爵的称号，有一座漂亮的宅第、众多的仆役，整个巴黎的人都认识她和羡慕她，因此他想征服她，并在名人的台阶上更上一层楼。他们经常窃窃私语，十分亲热。她经常留巴尔扎克在小客厅里待到深夜，但不许有过分的行为。他们之间保持的距离使他每天都热情洋溢。为了讨好她，巴尔扎克在《革新报》这个新的党派报纸上发表文章，夸大他的正统派感情。

他在与朋友们参加宴会后，以特殊的耐力写作到深夜。他写作到写不下去、心满意足、精疲力竭时才上床熟睡。德·贝尔尼夫人有时帮他看清样，在她看了以后，又

文坛拿破仑——**巴尔扎克**

知识链接

《夏倍上校》节选

他身子笔直,容貌庄严而神秘,活现出愉快和满怀希望的心情,脸不但变得年轻,而且用画家的术语来说,更丰满了。在他身上,你再也找不出穿破卡列克的夏倍的影子,正如一枚新铸的40法郎的金洋决不会跟一个铜子儿相像。路上的人看到了,很容易认出他是我们帝国军中的遗老,是那些英雄之中的一个;国家的光荣照着他们,他们也代表国家的光荣,好比阳光底下的镜子把太阳的每一道光芒都反射出来。这般老军人每个都等于一幅画,同时也等于一部书。

删又改,整段整段地改写在页旁白处。这种为使文学作品更完美的大修大改也挡不住他到社会上去寻欢作乐。在严肃和寂寞的工作后,这种世俗的乐趣对他好像也是不可缺少的。他在世俗社会越投入,回到家里后就越能集中精力在白纸上写黑字。也许他既需要瞬息即逝的消遣,也需要永恒的写作。

1832年2月和3月,其小说《交易》分四次被一杂志登载,出版时,此书最后定名为《夏倍上校》。

这年春天,在出版了这部激动人心、辛酸的动人故事后,德·贝尔尼夫人终于把巴尔扎克诓骗到巴黎过奢华的生活,并带他到尚蒂利森林旁的圣费尔曼。在那里,他在心怀妒意的"迪莱塔"的保护下,完成了《三十岁的女人》,并接着编写《图尔的教士》。巴尔扎克对自己的作品很满意,农村生活给他带来素材。

回到巴黎后,巴尔扎克又碰到霍乱和政治事件。瘟疫传播得很厉害,巴尔扎克刚到卡西尼街的寓所就想离开。啊,找一个有高贵门第出身的配偶,对他很崇敬,又能让他在别墅里工作,那该多好。他想到埃莱奥诺尔·特吕米莉,可惜她已躲藏起来了。他又想到卡罗琳·德贝鲁克男爵夫人,她出身于朗德里埃尔·德·博尔德家,她的优点是年轻、寡居,而且有一大笔财产。

在奥诺雷想得到德·卡斯特里侯爵夫人时,德·贝尔尼夫人忠心耿耿地哀求他别理这位侯爵夫人。在校阅清样时,她被《私人生活场景》感动得掉眼泪,并心焦地等待爱人的消息。有时,她希望自己理智些,对自己情人和别的女子结婚的前景想开些。同时，她对奥诺雷的婚姻选择很担心。

德·贝尔尼夫人这种贪婪的爱已耗尽了巴尔扎克的耐心。但是，他感谢德·贝尔尼夫人在他出版书时，在做准备工作上很听话、很殷勤和工作很有效率。

同样，他那幼年时没给过他温暖的母亲，帮助她照管家务，在以他的名义做复杂的交涉时也帮了他很大的忙。有时，他叫母亲把一捆书稿交给出版商，有时请母亲在稿子里找日常债单，有时他请母亲告诉债主他正在旅行，有几个星期不在家……为了使母亲心情能平静些并使她明白，他示意他可能与卡罗琳·德贝鲁克男爵夫人结婚。在男爵夫人快回图莱纳时，他寻找她姐姐克莱尔的支持，她住在梅雷庄园父母家里。

突然间，事情有了变化，德贝鲁克夫人告诉他父母，她在短期内不到梅雷，这一来幻想破灭了。债务在增加，得勒紧裤带，但他并没因此被搞垮，而且这种厄运没超过6个月。

巴尔扎克确信能够获得成功，那是因为他在写一部"与众不同"的小说，对那些已经厌倦的读者来说，这部书更能发挥他的天赋。为这本书，巴尔扎克忙得不亦乐乎。他为了使作品能说出个道理，求助于科学、神秘学、圣经、玄学，在

知识链接

《被遗弃的女人》节选

一八二二年春初，巴黎的大夫们把一个病后复原的青年送到下诺曼底来，他害的是炎症，原因是用功过度，或者是生活放荡，漫无节制。他的康复要求充分休息，饮食清淡，周围有寒冷空气和完全避免过度的感官刺激。贝森肥沃的田野和外省死气沉沉的生活，似乎最有利于他的健康恢复。于是他就到贝叶城住进他的一个表姐家。贝叶是一个美丽的城市，离海只有八千米，他的表姐过惯了隐居的生活，有一个亲戚或者朋友到来就喜不自胜，对他表示了特别热烈的欢迎。

除了少数特殊习俗，所有小城市都是相似的。这位名叫加斯东·德·尼埃耶男爵先生的巴黎青年，在他表姐圣瑟韦尔夫人家里，或者在她的一伙朋友家里，参加了几个晚会以后，不久就认识了这个僻静社会视为全城头面人物的人们。加斯东·德·尼埃耶把这些人视为永久不变的人物，任何一个观察家在从前组成法兰西的无数封建藩侯的首府里，都可以发现这些人物。

文坛拿破仑——巴尔扎克

有些情况下,甚至涉及有关思想方面的题材。他想把小说蒙上神秘的色彩。但是,这么乔装打扮,却使小说损害了神秘论,而神秘论又损害了小说。在巴尔扎克的笔下,超人不比常人更感人。

巴尔扎克急于想知道德·贝尔尼夫人的意见,这篇小说是献给她的。他把第一版的书给她看,她怀着不安的心情读了书稿后,指责他设法解释不可解释的事,损害天地万物的神秘性。她恳求巴尔扎克在表现主人公的雄心壮志时要谦虚些,尤其是在表现他自己的雄心壮志时更应如此。

这个意见使巴尔扎克决定起程,不管怎么说,他来到萨谢后,已经在别墅待烦了。7月16日,他告别主人,在中午时从萨谢动身,步行到图尔,到那里坐上驿车到昂古莱姆。

第二天,他就到达卡罗家。与德·贝尔尼夫人的意见相反,聚尔玛·卡罗被那书的奇特构思吸引住了。在卡罗的家里,他完成了《被遗弃的女人》的创作。

奥诺雷在卡罗家平静地从事写作和享受热情的友谊。他的名气也跟他一起到了昂古莱姆。人们还谈起那些崇拜他的女读者围在刚才他理发的理发店,争抢他掉在地上的发绺。巴尔扎克每天都体会到这种光荣的乐趣。

巴尔扎克又动起念头到萨瓦去旅行。他想去见见卡斯特里侯爵夫人,但是,他这会缺钱,该到哪里去找钱?突然来了救星,由于她母亲的交涉,他们家的忠实朋友,约瑟菲娜·德拉努瓦夫人答应提供巴尔扎克1000法郎的长期贷款。

巴尔扎克现在可以放心,有一天能到卡斯特里侯爵夫人处去了。他还给她寄了《路易·朗贝尔》中的一段文章,那是年轻主人公给保利娜·德·维尔努瓦的情书,以这来"铺平道路"。

巴尔扎克准备向卡罗一家告辞。在受他们款待期间,他在一夜之间写了《石榴园》,并模仿拉伯雷文写了《滑稽故事集》以自娱。这种用古法语写成的、充满生活色彩的仿制品,很使他开心。他还做了一项语文学家的工作,玩弄一些古字和安排了一些古老陈旧的词组。其结果是很可笑,很刺激人,并且让人啼笑皆非。巴尔扎克在费劲地编造另一个时代的荒唐故事时,也为甜中带苦的法兰西式的乐趣做出贡献。他嘲弄浪漫主义已经破灭的幻想。他证明他既懂得逗大家开心,又是思想家。

德拉努瓦夫人的接济及时送

达，这就使得他可以改变一下环境。今后，拯救他的地方是艾克斯，那里，一位真正的侯爵夫人在等待他，安排了舒服的住宿。在离开昂古莱姆时，他发现缺乏现款，他的朋友帮他救急。

他的思想完全拜倒在德·卡斯特里侯爵夫人的石榴裙下。到艾克斯等待他的工作单子很长：《战役》要写，《路易·朗贝尔》要看一遍，还有答应给《巴黎杂志》的一些小说和文章。根据他与出版部主任阿梅代·皮绍签订的合同，他得每月交给他们40印刷页，合500法

知识链接

《被遗弃的女人》节选

这些人物中的头一个属于一个贵族家庭，这个家族的世系在二百千米以外就无人知晓，可是在这个省里被认为是无可争辩的最源远流长的贵族家庭。他们是小型的王室，没有人怀疑他们通过婚亲关系搭上了纳瓦兰家族、格朗利厄家族，又同卡迪央家族沾上亲，和布拉蒙肖弗里家族也有瓜葛。这个望族的领袖通常总是一个果敢的猎手。他是一个不拘小节的人，经常用姓氏的优越压倒一切人；他容忍县长的存在，如同他忍受捐税的缴纳一样；他不承认十九世纪创立的新贵，并且指出如果首相不是贵族，乃是政治上极端可怕的事。他的妻子说话的口气斩钉截铁，声音极高，拥有几个崇拜她的人，可是她规行矩步，经常在复活节前后半个月内领圣体；她教养女儿们教养得很不好，总认为她有了贵族姓氏就永远富有。妻子和丈夫对于现代的奢侈豪华一无所知，他们还保持着戏台上穿的服装，古色古香的银餐具、家具和马车，如同他们保持着古老的生活习惯和语言一样。这种老式排场同外省的经济条件倒也相当适应。总之，他们是过去时代的遗老，只不过缺少征收土地移转税的权利，缺少一群群猎犬和镶着饰带的制服罢了。他们在自己人中间是充满荣誉感的，他们全都对离他们十分遥远的亲王们忠心耿耿。这个历史上的家族名声不扬，却像一幅古老的立纪挂毯那样保持着古怪特点。这个家族必然会孳生出来一个叔伯兄弟，当上了少将，佩带红绶带，出入宫廷，曾经追随过黎希留元帅入侵汉诺威，你会发现他在家族里宛如路易十五时代一本旧书上面散落下来的一页纸。

文坛拿破仑——巴尔扎克

郎。沉重的任务并不使这位习惯于订购作品的作家感到不安,相反,这激励了他。在他仓促的人生中,爱情和文学总是陪伴着他。

他于8月21日或22日动身,在利摩日稍作停留,他认真地游览了城市,又搭上驿车,几个小时后到达克莱蒙。在多姆山省的梯也尔驿站,正当在登上豪华驿车牵缰绳时,马跳了起来失去平衡,他摔了下来。他被吊在长皮带上,整个身子掷到车的踏板上,一块铁砸到胫骨上。别人帮他包扎好,他躺到车子顶部的位子,整个旅程都受着折磨。但是,痛苦折磨不妨碍他观赏风景。在经历这场考验后,他到达了艾克斯这个贵族风水宝地和温柔乡。在路途上,伤口愈合了,但腿还有点肿。他跛着腿,人已精疲力竭,这副尊容就更可以向侯爵夫人要求关照了。他想,这么一来,这次意外事故可以在他的爱情战略中大展身手。

在艾克斯市,德·卡斯特里侯爵夫人为巴尔扎克租的房子虽小,但明亮舒适,每天只要两个法郎。他从窗户里可以看到湖面以及猫牙山的山谷。他每天早晨5点起床,早上,他从联谊会要来早餐,有一个鸡蛋和一杯牛奶。6点,他到侯爵夫人处用餐,和她待到11点。除了她以外,他什么人也不见。他用洗浴疗法治腿,伤口已经不化脓了。不久,他已经能像跌伤以前一样行动了。由于能正常地使用时间,他可以随意写作,节省开支,傍晚时和

知识链接

《幻灭》节选

我们这故事开场的时代,外省的小印刷所还没采用斯丹诺普印刷机和油墨滚筒。昂古莱姆虽然凭着当地的特产同巴黎的印刷业经常接触,用的始终是木机。俗语把印刷说做"叫机车叹气",就是从木机来的,这句话现在可用不上了。城里落后的印刷所当时还用皮制的球,给掌车工人蘸了墨涂在铅字上。预备铺纸上印,排满铅字的版子,安放在一个云石做的活动盘上,所以盘子在行话中叫作"云石"。这种机器尽管简陋,埃泽维尔,普朗坦,阿尔德和第多,用来印过不少精美的图书。如今遍地都是新式的印刷机了,热罗姆·尼古拉·赛夏当作宝贝一般的老式工具已经给忘得干干净净,需要我们重提一下才行,因为那些工具在这个重要的小故事中颇有作用。

他爱慕的高贵的夫人愉快地聊天。根据预订计划，他加工《战役》，修改《被遗弃的女人》，精心修饰《路易·朗贝尔》。

但是，他对逗留期间的生活并不完全满意，与侯爵夫人的单独密谈简直就是受罪。他几乎有点怨恨聚尔玛·卡罗没有更坚持留他，让他放弃艾克斯之行。

巴尔扎克和德·卡斯特里侯爵夫人会面时的谈话，每次都是些故作文雅的神聊。她并未对巴尔扎克对她的爱慕有明确的回应。在这种捉迷藏似的游戏中，奥诺雷差一点失去理智。德·卡斯特里侯爵夫人为了对这个热烈的求爱者说明她的保留态度，她用隐晦的语言说，一见到孩子使她想起维克多·德·梅特涅这位深爱着她的人。她说，对过去的美好记忆，使她不能现在去想这想那。巴尔扎克对她的迷恋，她觉得有趣也觉得是个安慰，但她不想与他一同生活。人们可以赞美一个作家的作品，但可以不投到他的怀抱里。巴尔扎克外表平平，风度不雅，只是他的目光和讲话讨她喜欢。一旦他稍有表示亲密的动作，她就收缩回去了。然而，她在私下接受叫她名字，这是怪癖，大家都心照不宣。

对德·卡斯特里侯爵夫人获得这种精神权利后，巴尔扎克又重新燃起希望。正好，德·卡斯特里侯爵夫人建议巴尔扎克随她去瑞士和意大利。她的叔叔费茨·雅姆公爵和公爵夫人将陪伴着他们。巴尔扎克幻想着在旅行期间与德·卡斯特里侯爵夫人会更亲近。当然，这种

知识链接

《被遗弃的女人》节选

有一天，由于他相信自己的灵感，他希望从他的眼睛里流露出来的爱情中可以获得一切。他认为当面说话比任何热情的信件更有说服力，同时寄希望于女人天生的好奇心，他走到德·尚皮涅勒先生家里，打算利用这位先生来帮助他在事业上取得成功。他对德·尚皮涅勒先生说，他有一桩重要的机密事要跟德·鲍赛昂夫人接洽，可是他不知道她是否肯阅读陌生人写来的信，也不知道她是否相信一个陌生人，因此他请侯爵在下一次见到子爵夫人时，问问她肯不肯赏脸接见他。他关照侯爵，如果他受到拒绝，就代他严守秘密，同时却很巧妙地促使侯爵把他要见子爵夫人的理由完全告诉德·鲍赛昂夫人。

旅游耗资甚巨。但是，巴尔扎克有《巴黎杂志》的月薪，还有《滑稽故事集》的稿酬。此外，在艾克斯圈子里，他和雅姆·罗特席尔德交上朋友，他将叮嘱在那不勒斯的兄弟予以关照。有这样的支持，他就不怕在国外一文不名。

在动身到意大利前，侯爵夫人邀他到查尔特勒修道院去游览，雄伟的群山和光秃秃寂静的修士小室使巴尔扎克感到震惊。由于职业的怪癖，他生活中没得到的，他可以把它写出来。不能把人的幻觉以另一副面孔和另一个名字表现出来，那算什么小说家？郊游回来，他写信告诉母亲："我忙碌了三天三夜，写了一本八开本的书，书名是《乡村医生》。"确实，他对该书的草稿很满意，这就可以向出版商路易·马姆胜利地宣布此书的诞生。

他脑子里总有一种很警觉的念头，那就是写一本通俗易懂的、能挣大钱的书，但这并不排斥有从中产生杰作的雄心壮志。从畅销的作品中多增加收入也不必脸红。《路易·朗贝尔》是苦思冥想的曲折离奇的书，而今他要写纯情的诗篇《乡村医生》了。他现在不写参禅修行的神圣领域，而是写悲伤和孤独的男人的心理，他试图用教育一个山区县的平民百姓的办法，以安慰情场的失意并减轻痛苦。巴尔扎克对这本书抱很大希望，以至于后悔不该在完成此书前到意大利去。

他们离开艾克斯后，首先到日内瓦，住在皇冠旅社。巴尔扎克对德·卡斯特里侯爵夫人殷勤周到，希望在瑞士能比萨瓦省更有利于实现他的愿望。在这里与艾克斯一样，侯爵夫人虽笑容满面，但心中很警惕。可是，在科洛尼的山冈上的迪达蒂别墅，侯爵夫人由于回忆起拜伦的往事，暗地里飞吻了他，这使巴尔扎克恢复了一点信心。但不久，她又恢复常态，并以斩钉截铁的口吻向他表示，她永远不会属于他的。

意大利对巴尔扎克已没有什么诱惑力，因为侯爵夫人已拒绝他，他只好回法国。他希望能躲到布罗尼埃尔的德·贝尔尼夫人处，在那里找到友谊的宽慰和忘掉最近的羞辱。他是以文雅、有风度的姿态离开德·卡斯特里侯爵夫人的，并不断绝与她的书信联系。他甚至考虑在几个月后冠冕堂皇地回到罗马去找侯爵夫人。但是，他真正的怨恨是发泄在纸里，写了一篇《贝那西斯医生的忏悔》，准备插入《乡村医生》一书中。书中的主人公承认，他之所以要避开这个世界，是因为铁石心肠的女人使他失望。

这段满怀怒火的抱怨没有写在《乡村医生》的文字里，德·卡斯特里侯爵夫人的故事比这更为深刻动人。巴尔扎克在想到这事时强抑怒火，他是在德·贝尔尼夫人身边。在此期间，由于自尊心深受伤害，尽管德·贝尔尼夫人想方设法安慰他，也引不起他重新工作的兴趣。《乡村医生》这本书远没有完成，当路易·马姆到纳穆尔去要这部书稿时，他承认只是开了个头。但是出版商对他是有信心的，他说将快马加鞭地完成此书。

巴尔扎克的母亲在巴黎被儿子惹烦了，要求把她这个管家职务给撤了。聚尔玛的朋友，贝里地区年轻的画家奥古斯特·博尔热建议让她住到卡西尼街，在巴尔扎克不在时帮助照顾作家的家务。他的母亲生怕哪一天会身无分文，他答应每月给她150法郎以逐渐消灭高达3.6万法郎的债务。

巴尔扎克对爱情的认识充满了怪诞思维，自从德·卡斯特里侯爵夫人对他采取回避态度后，他一度不再相信世界上能有吸引他的女人。像德·贝尔尼夫人和聚尔玛·卡罗这类品德很好的女子不是理想的人，而像他目前认为理想的德·卡斯特里夫人不可能有那种伟大的感情。

可怜的德·贝尔尼夫人头上只有皱纹，目光呆滞，弯腰驼背，再有温柔也无济于事。

巴尔扎克心中理想的女人年轻漂亮，很风趣，社会地位很高，有贵族头衔，并且富有。聚尔玛·卡罗是老谋深算的顾问，她在给巴尔扎克的信中说，他这样的人应该娶一个懂得娱乐、忠诚专一、生活有经验的女子为妻。

这些明智的考虑并不妨碍巴尔扎克等着娶一位爱他的，有才华、有风度、智慧、谦逊以及有财产的完美妻子。信差给他送来了很多崇拜他的女读者的来信，这证明她们

文坛拿破仑——巴尔扎克

对他的艺术作品是很动情的。这里面不乏漂亮姑娘,当然也有丑女、老妇、精神失常者以及轻佻女郎。找个理想的妻子就像大海捞针,这些陌生的来信者有些成为他小说中的出色的女主人公。假如某一位小说中的女主人公钟情于埋头写作的作家,那在现实的生活中可是件倒霉的事。在巴尔扎克看来,他不知道他心中的人儿在哪里,到处都是粉黛裙衩,但哪里也没有知音。

他再一次地为自己的长相感到遗憾。

巴尔扎克的善良是大家都承认的,因此在生活中容易陷入圈套。

他的天真无邪,在叙述臆想的人物时是运用自如的,当对付有血有肉的真人时,他就缺乏洞察力。他拿起笔时,是无冕之王,放下笔就像迷途的孩子。聚尔玛很清楚他的这个特点,她曾对他说:"应该承受住优势具有的后果。"这句话他是作为座右铭的。当然,有时候他也想放下天才的重负,在卷起铺盖到天国去以前什么也不写,过幸福的生活。但是,这不符合催着他写作的出版商的要求,他想,他还得完成与上帝订立的合同。

※ 意大利是一个美丽的地方,但感情受挫的巴尔扎克却无心欣赏。图为威尼斯水城

俄罗斯贵族的来信

由于崇拜巴尔扎克的女读者来信很多，巴尔扎克对信的内容已厌倦，但是他对这种奉承并不厌烦。1832年2月28日，他收到一封来自敖德萨的信，其颂扬的热情超过其他任何一封，署名"外国女人"。她展示了《私人生活场景》的优点后，指责巴尔扎克在《驴皮记》中，在那些舞会场合中忽视女人的特点。由于她没有写明地址，4月4日，他在《法兰西新闻报》上登了一则启事："巴尔扎克先生收到了2月28日的来信，他对无法回信感到遗憾。如果来信者意愿是不予公布，他希望对此表示沉默。"几个月过去了，外国女人也没再有什么表示，可能是她没有看到启事。突然，在1832年11月7日，她来了一封很激动的信："先生，您是一个老派人物，您的哲学思想属于长期从事律师事务所工作熏陶出来的，也是老古董。然而，听说您很年轻，很想结识您，但又想并不需要。我读了您的作品，心情十分激动，您使女人具有她应

※巴尔扎克的笔为法国女人描出了最真实的画像

文坛拿破仑——巴尔扎克

具有的尊严,爱情是女人的天赐美德,是天性的流露。您有这种令人羡慕的敏感,真令人钦佩。您应该分享到天使的姻缘,您的心应该有从未享受过的幸福。外国女人会爱您和您的作品,与您交朋友,她也知道爱,就是这么回事。啊,您明白我的话……对您来说,我是外国女人,这将是我的全部生活。您将永远不认识我。"在说了这种预言后,她承认她愿意与他通信,并不时地告诉她那颗火热的心:"我欣赏您的才能,向您的心灵致敬,我愿意当您的姐妹……和您在一起,就会了解正义、道德和良心。"最后,她要求写一个通知:"请您在《日报》写一个通知,告诉我您已收到信以使我放心,这样我就会放心地给您写信。署名:给外－奥·巴。"

这封信文雅的风格,寄信者近乎神秘的激情,她所生活的遥远的俄罗斯海市蜃楼般的神秘幻境,当然她也一定生活在这种粗俗的奢华环境中,这一切一一呈现在巴尔扎克的脑海中,使得他想去国外远游。他毫不思索地服从了外国女人的要求,于1832年12月9日在《日报》上登了如下启事:"德·巴尔扎克先生已收到来信,今谨通过本报告白,但遗憾的是不知如何回信。给外－奥·巴。"

这一回,他们建立了联系,外国女人回了信。不久,真相大白,外国女人透露了她的真实身份。巴尔扎克怀着惊奇、感动和尊敬的复杂心情,得知来信者出身于俄罗斯波兰裔贵族、伯爵之家,名字叫艾芙琳娜·韩斯卡。1819年,她嫁给比她年长22岁的伏尔伊尼贵族万斯拉·韩斯基将军。这位将军在乌克兰有文珠尼亚庄园,田产2.1万公顷,农奴3035名,财产估计有数百万卢布。与这阔绰的波兰女子艾芙琳娜相比,小小的德·卡斯特里侯爵夫人算得了什么。巴尔扎克在写信给这个景仰他的外国女人的同时,对那个拒绝他的法国女人实行报复。在他看来,韩斯卡夫人具有所有的优点。

尽管巴尔扎克对这位富裕的波兰裔女庄园主的情况几乎一无所知,但他还是像老朋友那样谈到他的著作、他的计划。1833年1月,他向她宣布又继续写《路易·朗贝尔》,"这是流行作品中最叫人伤心的一个"。至于《战役》,这可能是一本雄浑有力的会引起轰动的作品。他对韩斯卡夫人说,最使他恼火的是,在读以前写的作品的版本时,发现:"《驴皮记》再版了,我又发现某些错误,这是诗人的忧伤。"有人在新闻报刊上批评他文体松散："那些人从四面八方向我叫唤，说我不会写作。我早就说过，这样说太叫人伤心，因为白天我写新作，晚上修改旧作。"他对她畅所欲言，非常愉快，以至于难以停止讲知心话。

信来信往，他们之间的激情不断增长。韩斯卡夫人想知道她心上人的一切。她小心翼翼地询问那些在巴黎碰到过巴尔扎克或听到过谈论他的波兰人。有些消息使她吃惊，也使她不安。她将情况告诉了巴尔扎克，巴尔扎克进行了辩护。

几个星期以后，他怕她受流言蜚语的影响，告诉她在文人圈里，有名气的人都会有污点："小说家和新闻记者朱尔·雅南是喜剧演员乔治小姐的公开的情人，她还揍过他；已有妻室子女的维克多·雨果是'下流'演员朱丽叶的热恋情人，这个演员给雨果送去了洗衣女工的7000法郎的账单。"与这些倒霉的事和卑鄙勾当相比，巴尔扎克的生活如果像他所讲的那样，还是显得光明正大、勤奋和有品德的。这些写给外国女人的长信耽误了巴尔扎克几小时的时间。写这些信件对他来说是有益健康的娱乐，而且几乎是对心爱女子的恳求，她在远方关注着他的命运。

知识链接

《被遗弃的女人》节选

这种在年轻人心里夭折的爱情，往往留在那里发出幻想的光辉。哪个男人没有若干这类初恋的回忆呢？这些回忆到了后来越变越优美，最后竟呈现出十全十美的幸福形象。这些回忆宛如夭折的孩子，孩子的父母只记得他们的微笑。德·尼埃耶先生从库尔瑟勒回来的时候，受尽了包含各种过激决心的情绪的折磨。德·鲍赛昂夫人已经变成了他继续活下去的因素，他宁愿死也不愿没有她而活着。他还相当年轻，经受不住一个十足的美人对幼稚而多情的心灵所施展的残酷的迷惑。因此他不得不度过一个动荡不安的夜晚，年轻人在这种夜晚里往往从幸福到自杀，从自杀到幸福，来回反复，把整个幸福的一生都享受净尽，然后精疲力竭地睡着了。这些夜晚都是注定要带来不幸的，其中可能发生的最大不幸就是醒过来以后变成了一个哲学家。德·尼埃耶先生真正地恋爱上了，睡不着，就爬起来一连写了好几封信，没有一封叫他满意，他把信全都烧掉。

文坛拿破仑——巴尔扎克

他专心致志地与韩斯卡夫人通信，在1833年初，花费时间很多，堆积了不少订单、计划和校订稿。《路易·朗贝尔》一书出版后未获成功，读者不买账，批评家抨击，巴尔扎克觉得写这种难懂的神秘的作品不成功，不能再写。他只好重新脚踏实地地写现实的作品。由于《巴黎杂志》与他订约，他匆忙地编写《法拉居斯，行会师傅的领班》，这是《十三太保的故事》的第一部分，他想，此书故事情节不可能为爱好神秘故事和阴谋故事的读者所欢迎。

他宣布《十三太保的故事》的第二部，暂时题名《别接近斧钺》，将发表在由费茨·雅姆公爵主持的正统派杂志《青年法兰西回声报》上，这篇文章后来更名为《朗热公爵夫人》。

巴尔扎克的这本小说，是在充满怨恨的心情下写的，他既揭露了某些女人的媚态，又描写了贵族阶层的利己主义，十分触目惊心。他靠高浓度的咖啡提神，通宵不眠。他轻率地与这一家或那一家出版社签约，这使他精力耗尽。他主要的慰藉是友谊。奇怪的是都是女性的友谊，而且或多或少地带有爱情色彩。他的周围朋友中没有男性，也没有友好的伙伴和可以依靠的知心人。《十三太保的故事》的作者已完全没有男性的共谋者，他只能在女性朋友那里找到爱和忠诚。

他要爱外国女人，要完成巨大的工程。由于纳卡尔医生坚持要求他休息一段时间，他也就答应聚尔玛·卡罗的要求：在4月和5月到昂古莱姆火药厂待三个星期。

回巴黎后，出版商戈瑟兰和马姆怒气冲冲地来见巴尔扎克，指责他违约，因他把一篇题为《交涉的理论》的文章给了新办的《文学欧洲》杂志，这是一篇谈医学和哲学的文章。另外，他还准备将新小说《欧也妮·葛朗台》也给这家杂志。马姆认为这是近乎欺诈的不守约行为，将巴尔扎克告到商业法庭。巴尔扎克对他们这种做法甚为愤怒，到出版商处大吵大闹，抢回《乡村医生》一书的排版稿。这种欠考虑的行为首先会使他被告到法官那里。这事差点酿成大祸，巴尔扎克弄得焦头烂额，他只好求助达布朗泰斯公爵夫人出来干预以调解此事，因为她的《回忆录》也是由马姆出版。最后这些判官们判决，说巴尔扎克存心不良，花了8个月时间去写《乡村医生》，得让他用4个月时间交给原告一本新的小说《三位红衣主教》。由于这个过错，他应付出版商3800法郎赔偿金。付了这笔款项后,巴尔扎克可以自由安排他的版权。

在这个不公正的判决后,巴尔扎克只有寄希望于《乡村医生》能获得巨大成功。1833年9月3日,小说送到书店销售。

尽管这本书东拼西凑,质量还是不错的,但读者持保留态度,专栏批评家言辞尖刻。批评家们几乎一致指责作者并没有给读者奉献真正的小说,而是一本包含政治、农村经济、市镇管理、实用医疗、宗教思想等编织起来的乌托邦大杂烩。巴尔扎克本想给他的国家配备一本新福音书,结果从高处跌了下来。他还是将此书递交法兰西学院参评蒙蒂翁奖,这个奖是用来奖励有益于风化的书,奖金金额为8000

※巴尔扎克曾因作品的出版遭遇了不公平的金钱赔偿

法郎。可惜的是孔蒂堤岸的先生们看不上《乡村医生》。

他满怀希望,却受到这种侮辱。只有一个办法:离开巴黎躲起来,他想,巴黎人都讨厌他。恰好韩斯卡夫人说服她的丈夫带她到瑞士的诺沙泰尔,她的家庭教师亨丽埃特·博雷尔是本地人。外国女人带着仆役和亲属在安德里埃家住下。她邀巴尔扎克秘密相聚,他住在附近,见面是可能的。他高兴极了,他将去会面。他可以用另一个名字,以防别人认出来。

为了使这次突然进行的旅行不招周围的人怀疑,他找了个借口。由于商业方面的压力,他脑子里想出一个点子:创办一个预售的公司,这是一个"书籍俱乐部"。出价格低廉的书,由阅览室、社团来预订。这个项目需要一种薄而结实的、由贝桑松特制的纸,这样,巴尔扎克到这个城市就很正常。这样,他就跑到瑞士,最终会见到无法接近的外国女人。

9月22日,星期天,巴尔扎克于下午6时坐邮车从巴黎动身,经40小时旅程,于24日到贝桑松,并受到友人夏尔·德·贝尔纳的接待。他为业务访问了几位朋友,没什么结果,当晚换了另一辆车奔诺沙泰尔。9月25日,他下榻福孔旅社。他

文坛拿破仑——**巴尔扎克**

知识链接

《驴皮记》节选

约在一八二九年的十月底，有个青年人走进王宫市场，当时各赌馆按照法律规定均已开放，法律保护赌博这种嗜好，主要是因为它可以征税。这青年人略微迟疑一下，便从三十六号赌馆的楼梯走上去。

"先生，请把帽子给我！"蹲在栅栏后面阴暗处的一个面色灰白的小老头突然站起来，露出一副生就的下流相，用生硬和责备的口气对青年人喊道。当你走进一家赌馆，法律就首先从剥夺你的帽子开始。这是神意和福音书的启示吗？或者毋宁说是通过某种方式来和你订下一个阴险的契约，向你要求某种抵押品？要不就是迫使你在将要赢去你的钱的那些人面前，保持一种恭敬的仪态？此外，是不是潜伏在社会上各阴暗角落里的警察存心要知道你的帽商的店号，或者你的姓名（要是你把姓名写在帽子里）？最后，也许是为了要量一量你的头骨，以便对赌徒的脑力得出有教益的数据？关于这点，行政当局完全保持沉默。可是，你必须晓得，当你向赌桌迈出第一步时，你的帽子已不见得再属于你，就像你可能不再属于你自己：你是在赌博，你，你的财产，你的帽子，你的手杖和你的大衣，都成了赌注。当你出来的时候，赌神却用一种残酷的讽刺手段，让你明白它还给你留下了一点东西，那便是发还你的行头。万一你那顶帽子是新的，你就会悟出该在未进赌馆之前，先花一笔钱给自己做一身漂亮的赌徒服装。

不久就到克雷山上市镇街找到安德里埃宅第。

他们终于见面了。韩斯卡夫人面前出现了一个龇着牙、眼睛发红、长头发、胖乎乎的矮个子。但是，这种令人不悦的尊容只不过是一刹那时间。当他跟她说话时，她认出了这个热情奔放的文人，并再次被他征服。这个精神焕发的女人，使他敬爱备至。她法文讲得很漂亮，她的乡音使人想起了乌克兰的草原。不过巴尔扎克没有忘记，她的丈夫在身旁待着。他们相互之间作了介绍，讲了些客套话。在传统的应酬话之后，双方都难以控制激动和热情。巴尔扎克认为外国女人在各方面都令人喜欢。

　　韩斯卡夫人的丈夫已年迈，且身体不好，这就使巴尔扎克幻想有朝一日她会很快当寡妇，可以跟她结婚。他们可以结为伉俪，这就有了府邸、奴仆，还有乌克兰的田庄。这对情侣低声发誓，约定巴尔扎克年底到日内瓦，与韩斯卡一家相聚，他们在圣皮埃尔岛，在贝恩那湖中泛舟，沿着让·雅克·卢梭的足迹漫游。巴尔扎克希望能在日内瓦找到一个谨慎可靠的办法去占有这个已成为他前程化身的女人，他非常感谢她能善解人意。他过去只是想象她的模样，见到以后，他确实没有看错。

　　巴尔扎克又登上驿车，这回目的地是巴黎。他坐的是公共马车，有五位瑞士沃县的同伴同行。他刚从疲惫中休息过来，就得对付留在首都的那些繁琐复杂的事务："这里的事出乎我意料，很不妙。那些欠我钱的并答应还钱的人不履行诺言，我母亲是忠心耿耿，但我知道她很为难。因为我的花销很大，我得弥补因出游造成的损失……但是现在，我得日夜苦干。"

　　他的勤奋工作，很快得到回报。夏尔·贝谢夫人，即出版商皮埃尔·亚当·夏洛的女儿及掌管出版社的夏尔·贝谢的寡妻，将成批购买12本《风俗研究》，包括再版的《私人生活场景》，再加上《外省生活场景》和《巴黎生活场景》，总数额巨大，共2.7万法郎。合同很快签订。

※巴尔扎克曾想去日内瓦定居。日内瓦到处都是风景

文坛拿破仑——巴尔扎克

这时，巴尔扎克已放弃通信预订的计划。这个办法太麻烦，太冒险。他应贝谢夫人的要求，交了一本80页左右的稿子以补充《外省生活场景》第二册。他还在一夜之间，写了题为《闻人高笛洒》的很长的中篇小说。尽管他瞧不上叙述在外省闯江湖混饭吃的巴黎小伙计的出绩的小说，但是因为这个人物很会应酬，很讨人喜欢，所以成为该行业中的代表人物。高笛洒开始时是卖妇女小饰物的，后来想出点子去推销铁路股票。奇怪的是，这本速写式的小说是献给德·卡斯特里侯爵夫人的。然而，他也写了一封充满怨恨的信，指责她先逗引他后又回绝他。她对这种不满颇为震惊，以至于在1833年10月21日写了一封很激动的抗议信，表示她是无辜的。巴尔扎克对德·卡斯特里侯爵夫人的埋怨很动情，在经历了一阵急风暴雨后，他对她又回复到了曾经的淡薄的友谊。

巴尔扎克的书一本又一本地出版，里面的故事虽然各不相同，但他明白，其宏伟的结构虽然还不能肯定，但是其含义是次要的。如果从其整体结构来看，虽互相独立，但各自有新的透视，有千丝万缕的联系，有同等的价值。这样一来，他觉得有必要准确地描绘人物，以及人物活动的场所，那些城市、街区以及他们居住的房屋、从事的职业，这样可以一览无余地看到人们的生活条件的方方面面。随着他思考的深入，画面衔接起来了，相互补充，组成一幅广阔的图景。对他自己以及他的作品，他已尽了自己最大的努力，他不知如何才能更进一步了。他感觉自己的能力已发挥得差不多了，不知更进一步该如何表达。

大多数批评家瞧不上巴尔扎克，认为他写得太多，写得太快。他们不喜欢洪水激流而喜欢小溪流水。他们认为巴尔扎克是一位讨大众喜欢的多题材作家，但肯定不是大作家。他们指责巴尔扎克文字臃肿，与情节不相称。他们说巴尔扎克的文学跟他本人一样，既胖又俗，缺少分寸，倒胃口。巴尔扎克听了以后觉得难受，但他还是照写不误。他就像人不能换皮一样，文风也无法改变。有时，他就像写《路易·朗贝尔》那样，展现一个寻找创造意义的思想家，别人埋怨他沉浸在极度抽象之中；有时，他就像写《欧也妮·葛朗台》那样，描绘的是现实生活，这时，别人又埋怨他太现实了。怎么样才能同时满足广大读者、那伙爱吹毛求疵的记者，又能满足那些掌握艺术家金

※巴尔扎克作品中传神的插画

钱来源的出版商?最聪明的办法是为自己写作。于是,要经济上独立,找门富有的婚姻提供财源。巴尔扎克在这个问题上费尽心机,他又寄希望于韩斯卡夫人成为寡妇,这对法兰西文学是最大的福分。

对巴尔扎克来说,工作、金钱、爱情这三个概念是紧密联系在一起的。在他看来,没有工作就没有金钱,没有金钱就没有爱情。他羡慕那些豪绅随意旅行,不计较开支多少。然而他,为了和他的"天使"在日内瓦相聚,得在巴黎将工作安排妥帖,节衣缩食以支付驿车、旅馆和其他日常开支。只要这个女人不是贪财的,对追求她的男人来说,就是很宝贵的。他在给韩斯卡夫人的信中写道:"从孩提时起,我从未拥有一文我自己的财产,到现在我算是辉煌了,我还得为找款子而到有钱人那里奔走。我游来逛去,浪费时间。"韩斯卡夫人慷慨解囊,给了他一些帮助。但是,她提供的款项为数极微。她自己没有个人财产,财产都是她丈夫的。

巴尔扎克很感谢,感谢她的施舍,但绝不能接受。

然而,韩斯卡夫人在可怜巴尔扎克奋笔疾书当苦力文字匠的同时,也怀疑他在巴黎被别的女人缠住,她们奉承他。于是,韩斯卡夫人想独占他。这种妒忌使他高兴又使他感到气愤。在内心深处,在与另一个女人交往时,他不想欺骗韩斯卡夫人,与他的巴黎女友亲近只不过是逢场作戏而已。为到日内瓦作准备才是为了神圣的爱情。他已提前享受到爱的欢乐,他已将她当作"妻子"。在他的信中,已隐喻着对收信者的渴望,以及他写作小说的计划。

1833年11月17日,星期日,巴尔扎克到马塞利娜·德博尔德·瓦尔莫尔的表兄、雕塑家泰奥菲勒·布拉家,在《圣母和孩子》的塑像前驻足凝视。正好在塑像旁,有一对祈祷的天使的塑像。这两件作品是偶然凑在一起的,在他看来却是一组有象征性的群体。他站在塑像前,顿时有所启迪,他在给韩斯卡夫人的信中说:"我在这里看见现存的最美的杰作……这就是《受两个天使崇敬的圣母玛丽亚

文坛拿破仑——**巴尔扎克**

和孩提时的耶稣》……我从这里构思了最美的一本书,这本书,《路易·朗贝尔》是它的序幕,书名为《塞拉菲塔》,此书与《弗拉戈莱塔》一样,集两种特性于一身。但是,我猜想,它的不同之处在于这个女人是天使,在最后转化时刻来到世上,并脱去躯壳升天。他被一个男子和女子所爱,他对他们说,在升到天国后,他们就会相爱,他在这个女人身上看到的是一个纯粹的天使。她向他们显露了激情,给了他们爱,让他们逃脱人间的苦难。如果可能的话,我将在日内瓦、在你身边写这本可爱的书,但是这位声音洪亮的塞拉菲塔叫我心烦,她已鞭策我两天了……昨天,我的椅子——我熬夜的伙伴坏了,自从我从事这类战斗以来,这是我用坏的第二把椅子。"

巴尔扎克不仅赞美泰奥菲勒·布拉的作品,也被艺术家本人的事迹所感动。他回到家里后,觉得自己的观点与布拉的玄奥观点很接近,他从石膏塑像群体得到启发,想写一本小说。是否为了满足《欧也妮·葛朗台》这本书中描绘的世俗社会,而因此要投入到新的流传的艳遇呢?他得创造两个特殊人物,一个是威尔弗里德,就是作者的化身;另一个是蜜娜,那就是艾芙琳娜·韩斯卡。他们俩都受到两性人塞拉菲图斯·塞拉菲塔的控制,这个两性人既有男人的特点,又有女人的特点,这就保证他比常人有优越性。这个两性人由于激起了男人和女人相互竞争的爱情,其智力发展到了最高阶段。他要解决所有矛盾,他预示物质和精神的统一性问题。由于出现这种情况,他要解决他身上肉体联系的两性特点问题。最后,他升入天国,这证明了人类状况是可以改变的。由于这个光辉的范例,威尔弗里德和蜜娜这两位主人公也变成了天使。

巴尔扎克在处理这种玄奥的主题时,想以此来解释世界上的问题。但是,拿这作为小说题材,思想上的框架如何处理?这里应是绚丽多彩、纯真和冷静,应该有宽广的空间。于是他想到了挪威,但他不了解这个国家。这不要紧,可以到书本里找到资料。像主人公的灵魂一样,布景也是白色的和不会腐败的,他已经看见主人公在故事开始时,在一片白茫茫的雪地上学滑雪。剩下来是对超人的研究。长期以来,巴尔扎克对这个问题十分着迷,他曾满怀热情地深入研究过斯威登伯格的作品以及圣·马丁、梅斯梅尔的作品。他对那里的地形也像对卡西尼街那样熟悉。在《塞拉菲塔》中,他会如鱼得水,运用

※巴尔扎克曾在乌克兰逗留了几个月。图为乌克兰风光

自如。为了治疗疾病,他亲自听取关于治疗梦游病的有关医嘱。韩斯卡夫人的出现不会使他改变写神秘小说的计划。她本人也有家族传统,有预感、有幻觉和各种各样的昏厥。他的很多读者也要求作品跨越现实。巴尔扎克一想到前途,就越想把《塞拉菲塔》书稿带到日内瓦。他沉醉于真正的灵感中。由于想写这本小说,他迫不及待地想将这本启蒙性作品献给韩斯卡夫人并与她相聚。

然而,他在通信中得小心谨慎。除去通过亨丽埃特·博雷尔收转的给韩斯卡夫人的那些秘密信件外,他还写了一些为不引起她丈夫怀疑而吹捧他的"赞歌"。他不是成了家庭的常客吗?这个角色体现在信件的花样上。在给艾芙琳娜本人信件中的热情话语在礼宾性的信件中成为冠冕堂皇的客套话,一个正经男人的玩笑话。他还说送了一件小饰物,上面镶嵌有安娜捡的小石块,还有几瓶木瓜酱是送给贪嘴的韩斯卡夫人的。另有韩斯卡夫人喜爱的音乐家

文坛拿破仑——巴尔扎克

罗西尼的亲笔签名。这类书信简直就该是文质彬彬或打趣开玩笑的东西。

韩斯卡夫人给她丈夫一本正经地念这封"公开的信件",而把那封"不公开的信件"藏在怀里。但她也无法完全掩饰感情。

这时巴尔扎克在巴黎使出浑身解数,玩命地写作,迫不及待地与书商打交道,一个子儿一个子儿地攒旅行经费。韩斯卡夫人在响水区萨瓦街的弓形旅馆订了一间"明亮客房",那里绿树成荫,靠近韩斯基夫妇下榻的米拉博宾馆。韩斯基夫妇还带了女儿安娜、亨丽埃特·博雷尔夫人,两个佣人中一个是德国人,另一个是俄国人,还有一位诺莎泰尔的名叫苏珊·叙泽特的侍女。巴尔扎克抵达日内瓦那天是圣诞节,叙泽特给他带来了他情人送来的花束,还夹带一个戒指印章和一张表示温柔的条子,问他是不是永远爱她?他立刻回了话:"等一会,我会告诉你,千万封书信不如一次会面。问我是不是爱你?就在你身边。我知道这是一件非常困难的事,我因而感到痛苦。但是最后,整整一个月,可能还要两个月才能赢得它,不是一次,而是千百万次抚爱。我是感到如此的幸福,所以也不能再给你写信了。

再见。是的,我的房屋很好,戒指跟你一样可爱、精致,我的亲爱的。"

从此,巴尔扎克和韩斯卡一家,关系和睦。巴尔扎克对成天愚弄友好相待他的丈夫并不感到难受。这位轻信的波兰大庄园主事事都安排停当,使巴尔扎克觉得舒服。从米拉博宾馆到弓形旅社,他们互赠礼品,交往信件。有时候是秘密条子,有时是寻常的友善的信件,为的是不让韩斯卡夫人的丈夫感到有什么不安。

这对情侣组织了文学性的参观,到过科佩、费尔奈、迪奥达蒂别墅或科洛尼山坡,她的丈夫有时同行,有时则不去。巴尔扎克到处都逗她和跟她寻开心。在目光中可以看出她觉得他很可爱,在言谈中透露出对在日内瓦接近他的女人有些妒忌,特别是她的表妹波托卡伯爵夫人,是她把表妹介绍给巴尔扎克认识的。当他见到一个稍有姿色的年轻女郎时,就爱炫耀自己。韩斯卡夫人对此很恼怒,瞧不上这种拈花惹草的事。

巴尔扎克对爱情想入非非,同时玩命写作,在编写《塞拉菲塔》时,他向日内瓦博物学家比拉姆·德·康道尔咨询斯堪的纳维亚的植物志,还修改《滑稽故事集》，不时地幻想他的艾芙琳娜什么时候才能完全属于他。

1834年1月18日，在征服韩斯卡夫人方面似乎获得重大进展。但是，这种飞跃很快中止了，原因是在1月23日的晚会上，巴尔扎克对她的表妹、爱耍手腕的波托卡伯爵夫人表现得过分亲热，因此她醋意十足。

巴尔扎克感冒了，因发烧而不停打寒战。为了恢复他俩的关系，他要求韩斯卡家给他送巴旦杏仁糖浆，他说，因为疾病引起"剧渴"。艾芙琳娜给予同情，并忘了头天晚上的不快。韩斯卡夫人没叫叙泽特送糖浆，而是和丈夫一起来到弓形旅社到他枕边探望。在这次友好探望的第二天，即1月25日，她单独来看他。巴尔扎克也几乎康复了，几个小时的休息已使巴尔扎

知识链接

《被遗弃的女人》节选

她的秘密愿望这么巧妙地实现了！哪一个女人能够抵抗得住这样的幸福呢？意大利女郎是些绝妙人儿，她们的心肠同巴黎女人的心肠正相反，有一个被法国人认为十分不道德的意大利女郎，在阅读法国长篇小说的时候，曾经说过："我看不出为什么这些可怜的情郎要花这么多的时间去处理在一个早上就可以处理完毕的事情。"那么本书作者为什么不能按照这个意大利女郎的意思，节省一点篇幅，以免折磨读者和使本书的内容显得枯燥无味呢？当然这里有许多动人的风流韵事可以描写，例如德·鲍赛昂夫人温和地迟迟不答应加斯东的追求，以便自己像远古时代的处女那样，纵使失身也保存着面子；也许她延迟的目的是要更好地享受一下初恋的纯洁乐趣，使初恋能够表现出它的最高度能量和威力。德·尼埃耶先生还年轻，正处在男子最容易受这些爱情游戏欺骗的年龄，对女人来说，这些爱情游戏最富有吸引力。她们总要拖长这些游戏，目的也许是提出一些对她们更有利的条件，或者是延长一下她们享受权利的时间，因为她们本能地猜到她们的权利很快就会削弱了。可是这些闺房外交会议的内容，当然比不上伦敦会议的内容那么多，在一篇真正爱情的故事里占据着无足轻重的位置，实在不值一提。

文坛拿破仑——**巴尔扎克**

克恢复精神。韩斯卡夫人是动感情了，有点后悔。她对因为这点小事对他大发脾气感到遗憾。经过这段小小的阴影，他们又和好了。巴尔扎克明白她已原谅了他，又向她发起进攻。

他们冒天下之大不韪，计算着能在一起的时日。即使韩斯卡在12年后归天，她也不过40岁。她认为那时候她已太老了，他向她指出，他过去爱"迪莱塔"时，她已经45岁了，那时他才22岁。当他们在对方的怀抱里时，他们自认为已是夫妻。重要的是，他们得在韩斯卡妨碍他们时很好地利用时间，他虽然不太碍事，但终究是个障碍。1834年2月8日，在巴尔扎克离开日内瓦到巴黎去时，巴尔扎克答应以后到维也纳或意大利与韩斯卡一家相聚。后来，可能是由于这个原因，韩斯卡夫人安排巴尔扎克到文珠尼亚游览，到乌克兰待了几个月。

到达巴黎后，巴尔扎克总结在日内瓦的收获：修改《朗热公爵夫人》，《塞拉菲塔》已动手写了一大段，《古玩陈列室》进展顺利，《滑稽故事集》轻快地草草拟就。由于比拉姆·德·康道尔的帮助，他收集了有关挪威的资料，除此以外，还有他爱慕的情人的回忆录。

巴尔扎克周围的环境令人担忧，他爱的人都使他发愁。德·贝尔尼夫人得了心脏病，仿佛一个月内老了20岁。聚尔玛·卡罗因弗拉佩斯勒产业问题十分操心，她由于父亲已去世，而成为别墅的主人。她邀请巴尔扎克到那里小憩。但是，她已怀第二个孩子，为怀孕的事挺担心。在巴尔扎克家里，这一次为种种债务搞得焦头烂额——巴尔扎克的母亲因冒险性的投机破了产。洛尔·叙维尔和丈夫因无聊的琐事经常吵架。她丈夫承包了多种重要工程，闹得头昏脑涨。如果他无法从财政困境中摆脱出来，巴尔扎克就得帮他一把。可是巴尔扎克手头拮据，无法提供帮助，也没有手稿可卖钱，情况颇为棘手。

尽管有这么多烦人的事，经济上又拮据，巴尔扎克在社交场合还得装门面。波托卡伯爵夫人推荐他去找奥地利大使夫人阿波尼伯爵夫人的门路。如果巴尔扎克到维也纳找韩斯基一家，这是很有用的关系。阿波尼与巴黎各界都有来往，与欧洲各王族有紧密联系。2月18日，巴尔扎克到大使馆，但是因伯爵夫人"在梳妆打扮"没有被接见，然后，约定了23日会面。他满怀激情前去赴约，很快成为大使夫妇的常客。

在此期间，巴尔扎克在歌剧院每周订三个晚上的票。音乐可以镇定神经。他为了出席使馆招待会和歌剧院晚会，在裁缝比松处精心制作了一件金纽扣的蓝礼服，黑呢子裤子，黑缎子背心。1834年8月，尽管他已身无分文，但还备了一根绿松石圆头的手杖，并将自己的文章很招摇地刻在手杖上。这根华丽的高级手杖引起了新闻记者们的挖苦和讽刺。巴尔扎克很难受，也很恼火。有一天，他和埃米尔·德·吉拉丹争吵起来，并想跟他决斗。

4月初，巴尔扎克感到十分疲劳，纳卡尔医生甚至怀疑他患有脑炎，嘱咐他要绝对休息。他对自己的健康十分担忧，同时也担心自己的作品，因此到弗拉佩斯勒，打算在聚尔玛·卡罗身边休息几天。但是，他不是搁笔休养，而是致力写作《凯撒·比罗多》《时髦的人》（最终书名为《婚约》）和《塞拉菲塔》。《塞拉菲塔》一书断断续续地写着，显得难以为继。为了振作精神，活动筋骨，他不时地与聚尔玛·卡罗在院子里漫步，聚尔玛挺着大肚子，行动不便。他没完没了地对她讲对艾芙琳娜的爱情。他也听卡罗少校讲伊苏屯地区某些居民的滑稽故事。他跟过去一样，把这一切都装进脑袋，以备用做资料写作新书。这个世界对他来说只不过是文学机遇而已。不管他的生活

知识链接

《交际花盛衰记》节选

一八二四年，巴黎歌剧院举行最后一场舞会时，一位年轻人在走廊和观众休息室踱来踱去，走路的姿态显示出他在寻找一个因意外情况而留在家中无法脱身的女子。他那英姿勃勃的外表使好几个戴假面跳舞的人惊慕不已。他时而无精打采，时而急不可待，这种步态的奥秘只有那些上了年纪的女人和老于世故的闲汉才能知晓。在这个盛大的交际场合，人们很少彼此注意，各人都有自己热衷的事情，大家关心的就是消遣本身。那时髦青年只顾焦急地找人，其他一切都已置之度外，对自己在人群中引起轰动竟然没有察觉：某些戴假面的人戏谑似的赞美，另一些人发自内心的惊叹，尖酸刻薄的打诨，还有最温情脉脉的话语，这一切他全然没有听见，全然没有看见。尽管他的俊俏外表颇似那些前来歌剧院寻花问柳的非同一般的人物——这些人期待舞会上的艳遇，就像期待弗拉斯卡蒂时代轮盘赌上出现的好运气——但他却对这个晚会上的成功充满布尔乔亚式的自信。

经历多少曲折坎坷，他始终没忘自己的雄心壮志，要树立一座丰碑以留传后世。

巴尔扎克想到他的艾芙琳娜在米兰、佛罗伦萨、罗马，可他还得在巴黎处理乱七八糟的琐事，而不能到那些地方陪着她参观博物馆和名胜古迹，遛公园和待在旅馆里，心中为此很恼火。另外，还有一件事叫他操心，干扰了他的工作和搅乱了他的美梦。被他母亲宠爱和惯坏的、干什么事都不卖劲的兄弟亨利从毛里求斯岛回国了。他在那里娶了年纪不轻的、带着拖油瓶儿子的寡妇。他挥霍完妻子的钱财，带着她和8岁的安热·杜邦回到了巴黎。他已一文不名，还背了5万法郎的债。巴尔扎克的母亲挺可怜他们。巴尔扎克在了解这种情况后，拒绝帮助他们。亨利的妻子玛丽·弗朗索瓦丝已怀孕，还染上"瘟疫"（霍乱），但总算幸免于难而于1835年2月20日生下小奥诺雷。巴尔扎克是孩子的教父。在此期间，他想尽办法不给他兄弟要求的补贴。他对亨利所能做的，就是为婴儿买张漂亮的摇篮。而他的母亲却只好卖掉蒙多格利街的房子以接济这对落难的年轻夫妻。她只靠巴尔扎克给她的年金生活，而这笔款子并不是按时提供的。

然而，巴尔扎克确信，靠他在文学方面的收入，总有一天能够使全家摆脱困境。他由于不满意与贝谢公司订立的关于《风俗研究》的合同，听从贝谢公司过去"销售主管"的建议，决定不执行合同。巴尔扎克被迷惑了，韦尔代承担再版《乡村医生》，这仅仅是开始。韦尔代为了保证出版作者的全集，得从戈瑟兰、勒瓦瓦瑟尔、贝谢夫人处重新购得版权。经过借款和讨论后，他终于从先前的合同中摆脱出来。

巴尔扎克很快对与外国女人的暧昧关系事件感到放心，觉得已跨越了一个意想不到的危险和障碍，又重新开始工作。他在萨谢开始写另一本新小说《高老头》，小说进展很快。

在巴尔扎克纷繁的生活中，有时像弹簧运动似的，一会儿合拢，一会儿伸展。他有时只想写作品，有时则把时间浪费在拜访、看戏、吃夜宵以及应酬的晚会上。因为他精力充沛，所以不满足于从事一项活动。他款待朋友，是为了使他们惊异，也是为了自娱。

巴尔扎克在写作《高老头》和《塞拉菲塔》的同时，已开始写作《金眼女郎》，这是《十三太保的故事》的片断。

在写这本新小说后，巴尔扎

克发现作品的普遍意义就在于添砖加瓦。这个思想，他在之前一年内已经成熟。1834年10月26日，他在给韩斯卡夫人的一封长信中展示他准备建立的宏伟计划："我相信到1838年，我巨著的三个部分即使未完工，至少也已垒起来成为一堆巨石。《风俗研究》代表社会效果，否则就不会有生活状况、面貌、男人或女人的性格、生活方式、职业、社会地区、法兰西国家，不管是童年、成年还是老年，也不管是政治、法律还是战争，这些都会被遗忘。这样就提出一根线一根线编出来的人类良心的历史，由各部分组成的社会历史，这就是基础……而第二批是《哲学研究》……在《哲学研究》中讲为什么会有情，而生命靠什么维持……局部又是什么……什么是人类的生存条件，超越这些条件不管是社会还是人都不能生存；在经历了社会后才能描写社会，我经历了社会后为的是判断社会……然后，在结果和原因之后，接着是《分析性研究》，因为在结果和原因以后应该寻找'起因'。风俗是表演舞台的场景，原因则是后台和机械，就是责任者。但是，随着作品螺旋式上升成为思想上的高度，作品就收缩和凝结。如果《风俗研究》需要24册，那么《哲学研究》只需15册，而《分析性研究》只需9册。这样，人、社会、人类在这部书里就不会重复描写、判断、分析，这本书就像西方的《一千零一夜》。当一切都完成后，我的玛德兰教堂也完成了，三角楣雕好了，我的板块也排除了，最后的梳理也做好了，这时就知道做得好还是做错了。在诗歌编好后，整个体系就显现出来，我将在《论人类力量》中科学地予以总结。在这华丽的建筑物的基础上，我这个天真的孩子和爱开玩笑的人，将画出《滑稽故事集》的广阔画面。夫人，请相信我，我是否因拜倒在某位巴黎女郎脚下而浪费了不少时间？不，应该有选择。好了，我今天已发现您是我唯一的情人，我已揭去她的面纱，这就是作品，是深渊，是火山口，是物质，是女人，是为这位女人花费了多少个日夜，并给她写了这封信，这封信是占用了研究的时间，但是这是件畅快的事。"

在1834年10月，巴尔扎克已隐约地瞥见他作品的巨大分量，他已描绘了作品的主线，可靠地发行了他的一些作品。别人以为他要把世界上小说的思路汲尽。他的雄心在于要把当代的、过去的社会的一切，一劳永逸地写出来。在他以

文坛拿破仑——巴尔扎克

后,作家们只能鹦鹉学舌似地再唱一遍。他已经拆了别人的墙脚,他将永远是法国的唯一小说家。然而,他还没有给巨型建筑选好名字,《社会研究》这名字太平淡,这套书应该是西方《一千零一夜》。为了争取他要奉献的这套书的广大读者,他委托通过贝尔图认识的青年作家费利克斯·达万为《风俗研究》和《哲学研究》写两篇长序。事实上,读者对这种职业建筑工的解释是不感兴趣的。他们寻找的不是未完成建筑的总体结构,而是构成该套书的某本小说是否感人。在这方面,《高老头》满足了读者的要求。

巴尔扎克习惯靠自己的回忆来使他书中的人物形象生动有力。由于巴尔扎克丰富的想象力,其生活细节已进行过加工,人物富有特色,可与现实中的人物相媲美。总之,这部小说的主要创造是:人物在这本书出现后又到另一本书里出现。这种情况在开始写作这本巨著时不过是巧合,甚至是漫不经心的做法,后来却成了体系。在这套书的各册之间,有通道相互联系。从此以后,就有一个虚构的世界,在各本书里,有同样一些医生、警察、金融人员、高利贷者、法律界人士、时髦女人在走动。读者像老相识似的在通道上向他们问好,这些老相识也给读者提供幻想天地,让他们并列地进入一个与他们习惯的生活一样真实的世界。这一边有一个上帝创造的世界,另一边是巴尔扎克创造的世界。即使读者对这种幻想世界不入迷,他们也更喜欢巴尔扎克创造的世界甚于真实的世界。为了在整部作品中扩大"返回"理论,对过去写的某些篇章要重新改动,改动名字,订正日期。这样就会有完全统一的印象,让群众认为每本小说都是整体的一部分,这在文学上是无可比拟的。

从现在起,巴尔扎克知道《高老头》一书构成这个为人类光荣树立的大教堂拱门的主件。有时候,他觉得自己是跟七头毒蛇在斗。尽管巴尔扎克受到恭维,某个女人,过去拒绝他的求爱,今天却弯下腰来乞求他的友谊,他却迟迟地没有跟她说"永别"这个词。可能,作为作家,他获得了惊人的成就,这已影响了他们之间的关系。

1835年初,巴尔扎克又疲乏异常,躲到布罗尼埃尔德·贝尔尼夫人处。德·贝尔尼夫人骨瘦如柴,她的衰老使他伤悲。望着往昔的迪莱塔,他也觉得自己与青年时代永远告别了。巴尔扎克怀着激动的心情向韩斯卡夫人谈及德·贝尔尼夫人，因为他肯定地知道这是唯一的、韩斯卡夫人不会妒忌的女人，因为德·贝尔尼夫人已经很可怜，而且不会对她造成危害。

巴尔扎克回到卡西尼街后心情很沉重，因为《高老头》一书获得好评又振奋起精神，《巴黎杂志》已开始刊登此书。此书于1月26日完

知识链接

《高老头》节选

　　一个夫家姓伏盖，娘家姓龚弗冷的老妇人，四十年来在巴黎开着一所兼包做饭的公寓，坐落在拉丁区与圣·玛梭城关之间的圣·日内维新街上。大家称为伏盖家的这所寄宿舍，男女老少，一律招留，从来没有为了风化问题受过飞短流长的攻击，可是三十年间也不曾有姑娘们寄宿；而且非要家庭给的生活费少得可怜，才能使一个青年男子住到这儿来。话虽如此，一八一九年，正当这幕惨剧开场的时候，公寓里的确住着一个可怜的少女。虽然惨剧这个字眼被近来多愁善感、颂赞痛苦的文学用得那么滥，那么歪曲，以致无人相信，这儿可是不得不用。并非在真正的字义上说，这个故事有什么戏剧意味，但我这部书完成之后，京城内外也许有人会掉几滴眼泪。出了巴黎是不是还有人懂得这件作品，确是疑问；书中有许多考证与本地风光，只有住在蒙玛脱岗和蒙罗越高地中间的人能够领会。这个著名的盆地，墙上的石灰老是在剥落，阳沟内全是漆黑的泥浆；到处是真苦难，空欢喜，而且那么忙乱，不知要怎么重大的事故才能在那儿轰动一下。然而也有些东零西碎的痛苦，因为罪恶与德行混在一块而变得伟大庄严，使自私自利的人也要定一定神，生出一点同情心。可是他们的感触不过是一刹那的事，像匆匆忙忙吞下的一颗美果。文明好比一辆大车，和印度的神车一样，碰到一颗比较不容易粉碎的心，略微耽搁了一下，马上把它压碎了，又浩浩荡荡地继续前进。你们读者大概也是如此：雪白的手捧了这本书，埋在软绵绵的安乐椅里，想道：也许这部小说能够让我消遣一下。读完了高老头隐秘的痛史以后，你依旧胃口很好地用晚餐，把你的无动于衷推给作者负责，说作者夸张，渲染过分。殊不知这惨剧既非杜撰，亦非小说。一切都是真情实事，真实到每个人都能在自己身上或者心里发现剧中的要素。

文坛拿破仑——巴尔扎克

成,最初几章一发表,读者就对此书充满热情。

1835年3月2日,《高老头》第一版由韦尔代发行,由斯巴什曼协同装订。读者对此书钟爱迷恋,批评家已龇牙咧嘴,气势汹汹。有人指责巴尔扎克呈现了巴黎社会可憎的漫画,只对没心肝的、道德感不强的女人感兴趣。

1836年3月,巴尔扎克从卡西尼街寓所搬走,秘密地搬到夏约区战斗街13号的"谁也找不着的居室"。突然搬家的原因是他怕被债主包围,把他从出版商那里挣来的一点钱拿走。此外,在1月27日,后来又在3月10日,国民卫队纪律委员会曾因为他没有回答应征通知、不去站岗,判他几天禁闭。他由衷地感到可笑,军事当局把本世纪最伟大的小说家当成普通老百姓。但是,他不愿意再找这种麻烦。为了迷惑别人的视线,他以实际上并不存在的迪朗寡妇的名义租下战斗街的房子。

他在编写和修改不同的小说时,还得完成《塞拉菲塔》,此小说《巴黎杂志》已开始刊登。

巴尔扎克急于结束这本难对付的小说,因为韩斯卡夫人一家现在正在威尼斯,快要动身回俄罗斯了。他要将《塞拉菲塔》这本书亲自交给她。他迫不及待地要完成这部作品并飞到她的身边。

然而,他对离开办公桌犹豫不决。写作一部小说或爱一个女人,到底哪个值得?他决定去找女人。他计划已定,去维也纳,把《塞拉菲塔》交到她手里,完成《幽谷百合》,租一辆车到瓦格拉姆和艾斯林战场。他在最亲爱的人那里享受欢乐,而离别将遥遥无期。他抱着感情和文学的双重计划,请求韩斯基一家推迟返回乌克兰的不合时宜的计划。如果他们接受他这个远离他们的烦躁的不幸者的请求的话,他将在维也纳待4天。他还说要带魔杖,试试它对他们是否有魔力。

巴尔扎克对摆阔气十分重视,即使一文不名也要讲究排场。为了到维也纳,他向韦尔代预支款项,借到了一笔足够的钱。巴尔扎克马上神气起来,也不想省钱,到普里厄·庞阿尔处租了一辆"带座的四轮邮车"和马,花了400法郎。

他去时是带着各种希望的,但是立刻感到失望。经过18个月的离别,他亲爱的艾芙琳娜对他变得冷淡起来。她原来把巴尔扎克当成天才的、孤独的、忠实的作家,而她那些在巴黎的女朋友们的闲言碎语使他在她的眼里失去光泽。此外,在维也纳的社交活动使得他们无法单独相处。他抱怨她的冷漠无情。

她给他回了一封言词挖苦的信，说他衣冠不整，土里土气，在上流社会里会惹人不快。

这种突如其来的蔑视并未对巴尔扎克带来多少困扰，反而是维也纳人对他的迷恋给他带来了难题。吹捧得很凶的邀请纷至沓来，他既感到惊奇又感到厌烦。如果他不想放弃写作，就得限制出门应酬。

巴尔扎克把钱都花光了，已无法支付旅馆费和旅费。可他又一次化险为夷，事情解决了。他抽出一张韦尔代的汇票，维也纳的罗特席尔德愿意提前支付。而韦尔代只好认为这是一笔为《幽谷百合》提前支付的款项。这个棘手的问题解决后，巴尔扎克还清了在维也纳的拖欠款项。

最后，他决定动身回国。但是在巴黎庞阿尔那里租来的车子，由于路途颠簸而损坏，已不能再用了，得将车子交车铺修理。他很遗憾，只好坐驿车。按他的习惯，他坐公共马车顶层，这样他可以欣赏风景。阳光灼热，晒得他皮肤发烫。6月11日凌晨两点，巴尔扎克到达巴黎。第二天，他和韦尔代结账，汇票总数是1500法郎，这是他在维也纳罗特席尔德处预支的。

在回巴黎以后不久，错综复杂的经济上的、文学上的、家庭上的忧虑接踵而至。

在优雅的工作室里，巴尔扎克一夜之间完成了幻想小说《无神论者的弥撒》，三天之内完成了《禁治产》。在这么玩命写作时，他让韩斯卡夫人放心他和德·卡斯特里夫人的关系："我和德·卡斯特里侯爵夫人关系是礼尚来往，就像您希望我做的那样。在您希望获得情爱和您给予的情爱之间是不能比较的。"艾芙琳娜已经不在维也纳，

文坛拿破仑——巴尔扎克

而是在她乌克兰的家里。距离已增大了,而巴尔扎克的激情当然也增强了。女人离开得越远,回忆就变得越亲切,越缠绵,越强烈。

在长久的书信里倾诉衷情,这是作家在精疲力竭的写作间歇的喘息。在他看来,看校样就是第二次创作作品。在印刷页上,涂涂改改,修修补补,简直是遍地开花。为了达到作者的满意度,往往十遍八遍地改。将来再版时,文字还要修改。在给过去写的散文梳妆打扮的同时,他还在一章一章地展开他正在写的小说。他发过誓,说《幽谷百合》是一本不朽的杰作。

巴尔扎克像过去习惯的那样,对他最新的作品十分欣赏。在他看来,这是他最好的作品。他在给韩斯卡夫人的信中说:"我简直不相信写了一本像油画那样的好作品。"他还说:"如果说《幽谷百

※ 正在进行创作的巴尔扎克

合》不是女性的必备书，我就不知道是为什么。书中有高尚的情操，不叫人厌烦。用道德来写戏剧，并使它成为热门货，那就得用马西永的语言和风格。注意，这个问题在第一篇文章中已解决，校改花了300小时，《巴黎杂志》付了400法郎，并使我肝都有点疼了。"他还骄傲地说："还得花40天时间。圣伯夫写《欲火》花4年时间，您就比较一下吧。"

新闻界对这位多产作家的作品采取鄙视的态度。有人认为作家为阅览室提供坏作品，有人指责作者拉长篇幅增加页数。

要是这些债主、出版商、报刊能让巴尔扎克在骨灰堆里平安无事就好了，但是他们拼命使坏，提出种种苛求。最糟糕的是寡妇贝谢夫人，她过去是很可爱的，她以还没有交出小说为借口，神气活现地大发脾气，说她轻率地事先付款，如果再收不到稿子，就停止付款。巴尔扎克再三申明，并向她勇敢地承诺下次将发《古玩陈列室》和《幻灭》。于是她放心了，她同意给他支付5000法郎。但是，他领的是500法郎，这是《风俗研究》整部书欠他的款项。根据契约，他还有两本书要写。韦尔代已付清《幽谷百合》该付的全部款项。为

了应付紧迫开支，他向纳卡尔医生、奥古斯特·博尔热、乐于助人的德·拉努瓦夫人以及小老头达布朗等人伸手借钱，但收获甚微。此时，卡西尼街房屋的房东向他要两个季度的拖欠房租，这一下又把他勒得喘不过气来。突然，他灵机一动。为什么不重印年轻时以奥拉斯·德·圣·奥班名字发表的作品？那些社会新闻栏编辑记者们就大肆宣传，说这些不显眼的作品出自《高老头》作者的手笔。后来尽管他对这些作品不屑一顾，却得了1万法郎装进腰包。这一来，他就可以自己出钱重印《滑稽故事集》的第三版，又以高价卖给韦尔代，他也乐意在书目中添上这部书。最后，当寡妇贝谢夫人卖完库存书籍后，巴尔扎克又收回版权，将它给另一个出版商出版。

尽管巴尔扎克的算盘打得很精，到1835年12月，他的总债务已达10.05万法郎，这是笔大数目。真是祸不单行，可恶的比洛拒绝继续刊登原本已在《巴黎杂志》开始登载的《塞拉菲塔》，说是很多读者抱怨看不懂这个离奇的故事。幸好，韦尔代救了他，他将两本书合在一起，取名《神秘的书：塞拉菲塔和路易·朗贝尔》，后一篇是经过审阅后临时增加的。

杂志社主编的磨难

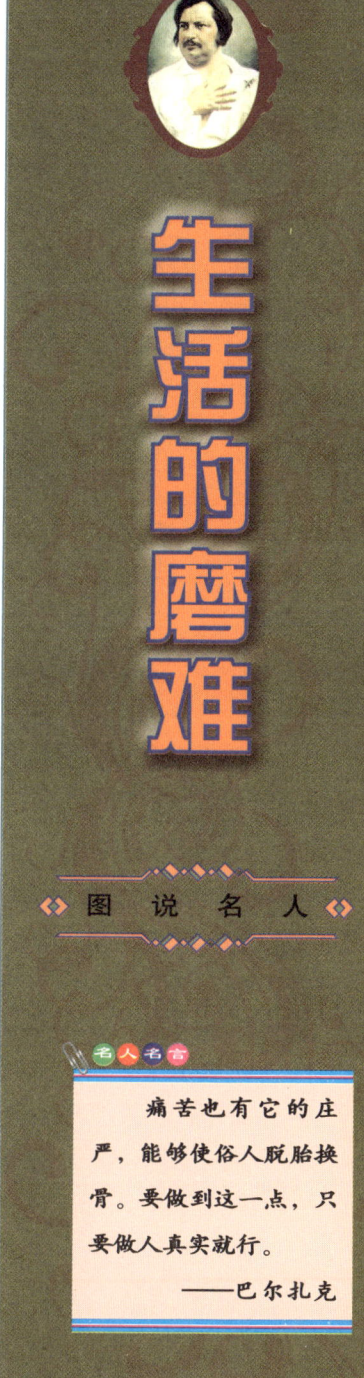

生活的磨难

《图 说 名 人》

名人名言

痛苦也有它的庄严,能够使俗人脱胎换骨。要做到这一点,只要做人真实就行。
——巴尔扎克

1835年12月12日,在一场大火中,巴尔扎克《滑稽故事集》的第三版的大部分样书都被烧掉了,这些书存放在铁壶街14号,是他个人的财产,他本指望将这些书销售后作为周转资金。这样一来,他的希望成为泡影了。更令他气恼的是,他发现他的秘密对手弗朗索瓦·比洛,在未得到他允许的情况下,将未修改的《幽谷百合》的校样转到圣彼得堡的贝利莎出版公司,收到他的《外国评论集》的集子里。巴尔扎克十分愤怒,作为报复措施,他拒绝把小说的续篇交给《巴黎杂志》——比洛是该杂志的"业主",正式的社长是阿希尔·多。已付了款,而巴尔扎克却不给文稿,因此有些理亏。但是,比洛也是理亏的,因为他交给圣彼得堡的文章并没有得到作家的提取凭据,于是引发了一场巴尔扎克告比洛,比洛又告巴尔扎克的官司。当时,比洛在新闻界很有势力,那些听命于他的批评家在社会新闻栏里对巴尔扎克进行恶毒攻击。为了对此事进行应有的反击,巴尔扎克需要有个讲坛。他找到一个维持不下去的要出让的杂志《巴黎纪事》。这是一本订户寥寥无几的正统派的不显眼的刊物,由新闻记者威廉·达克德主编,由马克西米利安、贝休恩和亨利·普隆印刷。巴尔扎克毫不迟疑,这是他的梦想。有了一张新闻报刊,

※巴尔扎克的会客室

他就可以搞选题了。

1835年12月24日，他创办《巴黎纪事》开发公司，半周刊，每星期四和星期日出版，收益中八分之一归达克德，八分之一归贝休恩，八分之六归巴尔扎克。这次交易的好处在于，《巴黎纪事》正筹集资金，获得其产权者只花120法郎就行了。但流动资金需4.5万法郎，这笔钱是巴尔扎克难以提供的。但是，他寄希望于头几期新的面目能使金库招财进宝，他对此十分乐观。

然而，在启动杂志时需要资金，他从乐善好施的德·拉努瓦夫人处借来1.5万法郎。他还求内弟叙维尔帮忙，他已快谈妥一项巨大的运河工程方案，实施这项工程，他会成为颇了不起的股东。经济拮据并不妨碍该刊的编辑们每星期六在他家美餐一顿。在觥筹交错中，下期刊物的选题定了，大家还交换文学界趣闻，损那些站在对立面的同行，赞美朋友们的最新作品，特别是开一些下流低级的玩笑。在分手时，人家都去睡觉了，而巴尔扎克开始工作。他身穿大袍，坐在桌子旁，在点着7支蜡烛的带绿色灯罩的灯光下，疾书通宵。这是咬文嚼字的无情斗争，直至旭日东升，巴尔扎克方胜利搁笔，但已精疲力竭。

在这个时期，巴尔扎克作品产

文坛拿破仑——**巴尔扎克**

量惊人、花样翻新。

他在《巴黎纪事》上发表了很多小说,其中包括《无神论者的弥撒》《禁治产》《法西诺·卡姆》《古玩陈列室》《无名烈士》《埃塞·奥莫》,还有一大批如雨点似的嘲笑梯也尔和基佐的文章。对他来说,这些文章只不过为了"测定风向"。至于有关"对外政策"的文章,他的观点很有胆识和预见性。他预见俄国和美国为地中海霸权将会开战(1854—1855年,战争因克里米亚问题爆发),他批评法国和英国的"畸形的"联盟,他更偏爱法俄联盟;他宣称普鲁士将统治统一后的德国。后来,由于报复思想所驱使,他在他的报纸里插了一篇《幽谷百合》产生的诉讼的故事。在经过几次延期以后,巴尔扎克起诉比洛的官司打赢了。法官判作者胜诉,经营者败诉。巴尔扎克胜利了。

尽管只是目录很醒目,《巴黎纪事》终于启动了。

读者态度很犹豫,订户寥寥无几。过了半年,订数不过300份,他们本指望发行2000份。在编辑中,只有巴尔扎克固执己见,认为可以获得成功。

因需管理《巴黎纪事》及编辑文章,巴尔扎克剩下来的时间就不多了,难以满足出版者的稿约,特别是贝谢夫人的稿约。漂亮的寡妇快要和一位地产主让·布里斯·雅基亚结婚,要离开书店。但是,为了准备婚事,她要和巴尔扎克结清账目。她要求与以前付款相当的书稿,而且威胁作者要上法庭打官司。还有一件事,泄了气的达克德也来凑热闹,他要把《巴黎纪事》中的股份出售,收买股份的只有巴尔扎克和韦尔代,他们以期票支付。合伙人不乐意提供抄件,怕的是不支付款项。两位年轻秘书也不干了,巴尔扎克成了孤家寡人。这时他才醒悟过来,只好到手头也很拮据的朋友那里东挪西借。他首先是到善良的纳卡尔医生处。医生借给他几个子儿,但担心的是巴尔扎克的健康。他怕的是他的病人经不住折腾和四面八方袭来的工作压力。

不久,巴尔扎克舍弃战斗街的房子,回到他仔细保存的卡西尼街住宅。巴尔扎克以为前一年国民卫队的纪律委员会曾两度想监禁他,而现在他的记者身份可以免于受到惩罚。然而,这个军事性市民组织因巴尔扎克不参加服役再次折磨他。1836年4月27日,派出所所长带了两个警察来到卡西尼街将他逮捕。巴尔扎克确认,这是一个兼任"讨厌职业"的"蹩脚牙医"建议把他关起来,在"菜豆大厦"(即巴

※巴尔扎克的很多作品都是在巴黎创作的，他的作品中也洋溢着浓郁的巴黎风情。图为巴黎著名建筑巴黎圣母院

藏古大厦），也就是在圣日耳曼沟渠街国民卫队监狱关8天。5月4日，经过8天囚禁后被释放。8天的囚徒阔绰生活，花费了575法郎。

巴尔扎克从牢房里出来后，得知《巴黎纪事》已完全垮台了。他第一次感到有点畏惧：这并不是因为他办的报刊消失了，对这事他早已预见到，而是他已费尽脑汁，精神瓦解了。他已不想再编再写，不再想入非非。

唯一使他感到欣慰的是，由于起诉比洛的官司打赢了，推动了《幽谷百合》的发行。此书印了2000册，韦尔代在几天之内销了1800册。1936年6月12日，又发生新的倒霉事，贝谢夫人不愿再等了。他通过执达员告知巴尔扎克，他应该在24小时内交出两本书稿，并根据合同要求，补足全套《风俗研究》。这个义务还搭配每推迟一天罚50法郎的款项，后来获缓期20天。

《布瓦鲁日家的继承人》还处于拟订写作提纲阶段。《幻灭》的第一部分，他以异乎寻常的创造性和想象力，在三周内已完成。这是该给贝谢夫人的两部书的一部分。而这两本书是他为解脱而付出的代价。至于第二部分，他在序言中允诺，将在时机到来时，根据情节需要来完成，以补充"布景"。在还没有完成该书时，巴尔扎克已决定写《一个外省大人物在巴黎》。在这本书里，他展现了剧烈的斗争，书中的主人公壮志未酬，穷困潦倒。当时的巴尔扎克，虽然承受人生的烦恼，但是《一个外省大人物在巴黎》在他笔下跃然纸上，使他感到惬意舒畅。

1936年6月26日，天气酷热。巴尔扎克和马尔戈纳夫妇一起到院子里散步，突然一阵头晕，倒在一棵树下，并流了血。他意识模糊了，话也说不出来，他想着是不是脑子不好使了。幸好，第二天，除耳朵嗡嗡作响外，其他功能一切正常。《幻灭》的写作又照常进行。这期间，贝谢夫人已成为雅基亚夫人，总是逼迫着他，他也只好快马加鞭。

1936年7月4日，他回到巴黎。《巴黎纪事》已奄奄一息，读者很少，也没有订户。到了这种孤立无

文坛拿破仑——**巴尔扎克**

援的地步,他已不抱什么希望,应该想尽一切办法停止出版。巴尔扎克一算办杂志账目,亏空1.8万多法郎。再加上欠德拉努瓦2.4万法郎,达布朗小老头的5000法郎,这么一大笔债务,他对失去新闻刊物已漫不经心,对从萨谢带回来的新小说也毫无乐趣可言了。确实,这本小

知识链接

《幽谷百合》节选

　　用泪水滋养的何等才情,有朝一日能为我们唱出感泣鬼神的哀歌,描绘出幼小心灵默默忍受的苦痛?这些心灵的细弱根蘖扎在家庭的土壤中,碰到的尽是坚硬的卵石,刚长的嫩枝就被仇恨的手折断,正在开放的花朵遭受寒霜的侵袭。童稚的嘴唇吮吸苦涩的奶汁,笑脸被凶焰一般严厉的目光扼杀。孩提的这些苦楚,哪个诗人能向我们诉说?这些可怜的心灵遭受周围人的摧残,而那些人安排在孩子周围本来是为了培养他们的情感。如果有一部描写这种事情的小说,那么它就是我青少年的真实写照。我,一个刚刚出世的婴儿,能损伤谁的虚荣心呢?我生来身心有什么缺陷,母亲对我竟如此冷淡?难道我是义务的产儿?难道我的出生是一件意外的事?难道我这小生命构成我母亲的内疚?我被送到乡下哺养,足足三年家里无人过问。等我回到家中,家人视我若无,连仆役见此情景都心生怜悯。我既没有感情,也没有良机,无法从幼年失宠中振作起来:我童稚时无知,成年后也不谙世事。我哥哥同两位姐姐非但不给我一点慰藉,反而以折磨我为乐事。孩童们已经懂得要脸面,相互间有一种默契,隐瞒小过失,而这种默契对我却不适用。更有甚者,哥哥做了错事,我常常代他受罚,还不能鸣冤叫屈。我的哥哥姐姐同样惧怕母亲,为了讨她欢心,他们就从旁助威,争着欺负我。这是儿童身上萌生的谄媚心理作怪呢,还是他们有模仿的本能?是要试用他们的力量呢,还是缺乏怜悯心?也许这几种因素凑在一起,使我失去了手足之情。一切温情都与我无缘,天生就我一颗爱人之心,却爱无所施!这颗敏感的心灵不断遭到蹂躏,天使会听到它的叹息吗?如果说在某些人的心灵里,受压抑的感情会转化为仇恨;而我的感情却凝聚郁积,在心底深挖一个栖止的巢穴,等待在我日后的生途中迸发出来。

※巴尔扎克与意大利有着不解之缘,图为比萨斜塔

说相较于他需要清偿的款项,已算不了什么事。然而对作家来说,他们并不在乎作品的物质利益,顶着风浪到达目的地港口,这才是亲切的、不可替代的满足。随着时间的推移,收益会被遗忘,而完成的工作是永远不会被遗忘的。《幻灭》中的主角对巴尔扎克来说,是一个光辉和持久的现实。

同时,巴尔扎克一封信接着一封信向韩斯卡夫人竭力表白,说服她相信他是忠贞不二的。这些虔诚的谎言,目的是平息她的妒忌心。在表白此意时,他自己也相信是这么做的。每当他封上信封,就又萌发惯常的诱惑。在他看来,他对艾芙琳娜没有不忠,因为在哄骗她时,他也是爱她的。一段时间以来,他被一位漂亮和神采奕奕的女人所迷住了,她就是基多波尼·维斯贡蒂伯爵夫人,出生时名叫弗朗西斯·萨拉·洛弗尔,原籍英国,嫁给意大利人,有双重血统关系。他是在奥地利使馆招待会上认识她的。她年方三十,皮肤洁白,头发是浅金黄色,步伐轻盈,目光炯炯并含情脉脉。她既诱人又妩媚,当她凝眸于人,不免让人为之倾倒。巴尔扎克觉得这位"意大利伯爵夫人"十分诱人,极端聪明。

她邀请他到巴黎纳伊区家里做客,他们之间的关系很快密切起来。巴尔扎克为了与维斯贡蒂家关系更亲密,与他们家一起在意大利人的歌剧院包厢租了一半位子。维斯贡蒂家夏季在凡尔赛租了一幢房

文坛拿破仑——**巴尔扎克**

子,巴尔扎克也常去拜访他们。伯爵夫人毫不掩饰她对这位有影响的作家的情意,她对他颇为钟情。

基多波尼·维斯贡蒂夫人虽然接受巴尔扎克的奉承,但对于是否更进一步地与之交往却举棋不定。巴尔扎克对与艾芙琳娜完全不同的她甚为欣喜。这个英国女人体魄健全、宽宏大量、生性活泼,与那个波兰女人生性多疑、忧虑不安的性格大相径庭。另外,英国女人允许她的情人有其他女人。巴尔扎克偏爱叫专用名字,他亲密地叫她萨拉。巴尔扎克成了萨拉经常陪伴的情人,巴尔扎克此时唯一害怕的是韩斯卡夫人的醋劲。他不愿意为后者失去前者。

1836年,基多波尼·维斯贡蒂伯爵夫人生了一个儿子。是不是巴尔扎克的,似乎无关紧要。不久以后,埃米利奥·基多波尼·维斯贡蒂得知母亲去世。遗产的继承比较复杂,他得到都灵去对付其他继承人以捍卫他的利益。但是,他不想出门。于是,意大利伯爵夫人有一个大胆的设想,既然她现在的情人过去当过诉讼代理人,为什么她的丈夫不可以派他去意大利给他们办事?当然,谈判代表因为办公事得付酬金。1836年7月16日,基多波尼·维斯贡蒂伯爵夫人在公证人处与奥诺雷·德·巴尔扎克先生签约,委托他为代理人去都灵妥善解决有争议的遗产事务。

巴尔扎克接受任务后,突然打起主意,这次意大利之行不能一个人去,但选择谁当旅伴?几个月以前,朱尔·桑多给他介绍了一位年轻的很机灵的女子,此人甚至有点神经质,她抛弃了在利摩日法庭当书记官的丈夫,来到巴黎文学界闯路子。这位女子名叫卡罗琳·马尔布蒂,33岁,外表很可爱,在《巴黎纪事》上以卡·马塞尔的名字发表过平淡的自传体小说。她与家里人谈妥,决定到巴黎以便给女儿们以良好教育。实际上,她是想在首都找一位能钟情于她的出色的男人,一个她喜欢的艺术家,以便更有利于她的作家生涯。她尊敬巴尔扎克的才能,但过高估计巴尔扎克在新闻界的影响。巴尔扎克邀她到卡西尼街做客,她对巴尔扎克老成稳重、谈笑自若和外省人朴实品质颇为欣赏。正好,巴尔扎克要找个伴到都灵,她为何不可以?于是,巴尔扎克向她谈条件。她一下子抓住了这个机会。此外,她有500法郎,这是她的盘缠。为了怕人笑话,他要求她女扮男装,充当他的秘书。7月26日是动身的日子,她到卡西尼街时穿着女装,上车后就换

※今天的巴黎风情

上了男装。

　　他们经过里昂、尚贝里、查尔特勒修道院、摩德纳、塞尼山口、叙斯，5天旅程后，在7月31日清晨到达都灵。他们俩在城里的皮雅查·卡斯特罗区的欧洲旅社下榻。卡罗琳·马尔布蒂假扮男装，取名"马塞尔"，作为普通秘书，为他们租了一间很豪华的房间，床架在台阶上，而她的"老板"巴尔扎克先生只好住在旁边一间普通的房间里。两间房间中间，有一扇门隔着。但他们俩谁也不打算打开，大家得遵守礼仪。在都灵旅行期间，他们的关系只是普通朋友。

　　由于奥地利驻巴黎大使阿波尼伯爵和撒丁王国大使布里涅尔·萨尔侯爵的推荐，意大利上流社会对他们的接待非常客气。巴尔扎克秘书的乔装捉弄了都灵人，但马塞尔的真正性别骗不了他们。有些人把这个不长胡子的年轻人当成是乔治·桑，他们很体面地接待他俩又觉得可笑好玩。

　　但是，这些沸沸扬扬的社交活动并没有使他忘了自己的任务。斯克洛皮斯伯爵帮他联系了路易吉·科拉律师，他委托这位律师清理复杂的遗产事务。从一开始，他就知道人们给他请来的律师是很卖力的，一定会胜诉，不管预审中会有什么圈套。在这里他已使出浑身解数，他是受意大利伯爵夫人和其丈夫的委派，他可以趾高气扬地回到巴黎。1836年8月22日，巴尔扎克返回巴黎。

　　在这次怪诞的冒险中，巴尔扎克自忖，到底他们俩谁更疯狂？是卡罗琳还是他自己？他从来也不以为自己已是37岁的人，一个成熟男子的行为怎能跟小说中的人物相提并论。

文坛拿破仑——**巴尔扎克**

贝尔尼夫人之死

巴尔扎克拆开旅意期间在巴黎堆积的信件时,突然注意到1836年7月27日发自纳穆尔的信件。这封信发出的时间是他和"马塞尔"出发的前夕。写信人具名亚历山大·德·贝尔尼,这封信已等了他三个多星期了。他读信时悲伤得差一点支撑不住了,这是报丧的信:"亲爱的奥诺雷,经过10天的神经疼痛、呼吸困难和水肿,我们的母亲上午9时去世。我们的母亲已寿终正寝。明天上午10点安葬在格雷兹公墓她亲爱的阿尔芒墓旁。"

巴尔扎克非常难过,在这个他非常爱的女人弥留时,他却和另一个穿着男装的女人兴高采烈地坐车旅行。他悔恨交加,可再说什么也没有用了,一切只不过是推卸责任而已。1835年11月,德·贝尔尼夫人的儿子阿尔芒死后,她自己也长期生病,医生说她已患不治之症,得让她好好安静地休息。她也不再想让别人去看望她,巴尔扎克只好从命。他恨自己出了一个不合时宜的点子动身上路,如果推迟出发,他就有可能在她的最后时刻守在她的身边。不久,他得知《幽

※ 都灵是一个风景秀丽之地,巴尔扎克曾在此游历

谷百合》就是这位不幸女人爱读的书，她不厌其烦地读巴尔扎克写德·莫尔索夫夫人的死那几页。她打算叫他到她身边，在她去另一个世界前能给她一些安慰，她要亚历山大到巴黎去寻找巴尔扎克，她亲手在镜子面前梳妆打扮以便庄重地接待他。后来，她觉得不能久等，招来了牧师，做了最后的祈祷和忏悔。但是，在她最后闭眼之前，她叫亚历山大把巴尔扎克的来信捆成一包，用绳子系上，把它全烧了。亚历山大遵命。第二天，15年的柔情蜜意一霎时化为灰烬。

德·贝尔尼夫人从地球上消失了。然而，在巴尔扎克的头脑里，一切都依然存在。他本来就心绪紊乱，家里还有操心事。他的兄弟亨利，既无能又会挥霍，已经把他母亲的财产挥霍殆尽，母亲求助于他。叙维尔也是四面楚歌，不知道他的宏大的运河计划是否被政府所接受。巴尔扎克这时比以前任何时候都需要一个贴心的女子倾诉衷肠。

从都灵回来后，巴尔扎克分析了他在新闻界的形势：自从他打赢官司后，比洛的两个杂志（《两个世界杂志》和《巴黎杂志》）已向他关门；他继续写稿的《巴黎纪事》已难以为继。他写的文章得另找出路。正好有两个报纸干得很欢，互相竞争，一个是埃米尔·吉拉丹办的《新闻报》，一个是阿尔芒·迪塔克办的《世纪》。吉拉丹知道巴尔扎克的作品对读者很有吸引力，只好冰释前嫌，与其重修旧好。

巴尔扎克立即紧握伸过来的手，将刚完稿的《老姑娘》交给《新闻报》，写的是新闻界重大事件。这是他在法国的日报上连载的第一本小说。因而，读者紧张地跟随每期报纸，注视故事情节的发展，而广告商受其诱惑，在报刊上大吹大擂。1836年10月23日至1836年11月4日，《新闻报》分12次登载《老姑娘》后，十分风光地将其汇编成册，在书店发行。而读者们在片断刊载时领略其风味，牢记要买一本最后定稿的书再读一遍，这是招财进宝的好方式。用这种方法出版书，最使巴尔扎克高兴的是，随着文章的发表，可提供他一个副本。从此以后，他的大部分小说都在日报上首先露面。

巴尔扎克在写作《老姑娘》时，信手拈来，即席编写已到顶峰。他同时编写小说《被诅咒的孩子》《鲁杰里的秘密》，撰写专栏文章，还有一些写作计划。如果说巴尔扎克对《老姑娘》是很满意的话，《新闻报》的某些读者对小说中的粗话、挖苦和讽刺颇为反感。有些订户写信给

文坛拿破仑——巴尔扎克

报刊领导，对"过分猥亵的细节"表示抗议。巴尔扎克打算向《新闻报》提供两篇《女人研究》的小说：《电鳐》和《高贵的女人》。巴尔扎克降低要求，补偏救弊，至少在口头上作了让步，为的是摆脱财政困境。这回他再次离开卡西尼街，到了战斗街。他在四层的阁楼上，按他的主意布置了一间工作室。他得顶住丧事、债务以及埃米尔·德·吉拉丹不断地催稿等烦心的事，他花600法郎买了一根他根本不需要的手杖。他挂着手杖，拐到纳卡尔医生处去度周末。

1837年初，巴尔扎克的经济状况和法律上的处境均颇尴尬。他行事向来轻率，他把韦尔代的票据给达克德作担保以赎回《巴黎纪事》的股份。韦尔代已宣告破产，达克德托词巴尔扎克过去经营印刷厂和铸造厂，因而属于商人范畴，回过头来起诉巴尔扎克，并威胁因债务问题要逮捕他下狱。巴尔扎克对这种前景胆战心惊，他得躲起来。但躲到哪里去？达克德已经叫人扣留了巴尔扎克炫耀的四轮马车。法庭的执达吏（又称执达员，是负责执行及传达法官裁决的官吏、职员）来到了战斗街，看门人正式地申明，他不认识巴尔扎克先生，只有迪朗夫人，而且她也不在。执达吏要强行进入，看门人则要控告他擅入民宅。执达吏虽然狂怒，但只好离开，不过扬言要继续调查。

巴尔扎克无计可施，想弄张护照到俄国，躲到韩斯基家去。但是，基多波尼·维斯贡蒂提出一个更方便的解决办法。他家的继承案子还在意大利法庭拖着，仍在米兰打官司。这回，伯爵夫妇建议带着他们的委托书，由他们出资到当地履行法律义务。如果官司打赢了，他还可以在收回的款项中适当提成。这时候巴尔扎克正想逃避法律的严惩，接受了他们的建议。这一次，他是自己一个人去的。1837年2月14日，他打点停当，坐上马车，穿过法国，经过辛普朗，到达米兰。

像上次在都灵一样，他带来的许多介绍信发挥了作用，无论是米兰社会还是奥地利占领当局，都热情款待他。这里，既没有债主，也没有执达吏，更没有那些冷嘲热讽

※巴尔扎克书中的插画

的新闻记者，而是一批花枝招展的崇拜这位法国作家的美人儿。在众多逢迎他的新结识的朋友中，他特别欣赏那位非常年轻和富有魅力的克拉拉·马费伊伯爵夫人，她在家里接待政要、艺术界和文学界名人。

不幸的是，巴尔扎克在米兰还得操心基多波尼·维斯贡蒂的案子，有三个人在争夺一笔数目不大的遗产：近7.4万里拉。这倒不是他灰心丧气的理由。他授权办事，得捍卫朋友的利益，并最终为这小笔款项取得和解，而且从中提取旅费和佣金。但是，这个协议要被认可，得有已亡人的女婿，也就是未成年的继承人的父亲加尔瓦尼男爵的同意，而他住在威尼斯。与其通过通信解决，倒不如到威尼斯去更妥善。

巴尔扎克于3月13日出发，在倾盆大雨中到达道奇城堡。

天气放晴，巴尔扎克心情振奋，加尔瓦尼男爵同意和解计划，

知识链接

《幽谷百合》节选

从性格上讲，战战兢兢的习惯，使人心弦松弛，酿成畏惧心理，事事退让，从而产生怯懦性。这种怯懦使人退化，并使人沾染上难以名状的奴性。然而，不断的折磨倒使我经受了锻炼，增强了毅力，使我的心灵富于韧性。犹如等待新打击的受难者，我时刻准备忍受新的痛苦，因而显得唯唯诺诺，完全像个受气包。儿童处于这种精神状态，天真烂漫的举动就被扼杀了；我看上去像个呆痴儿，这便证实了我母亲的不祥预言。我深知这是不公正的，于是幼小的心灵激起自豪感；无疑正是这一理性果实，煞住了这种教育助长的不良倾向。我母亲虽然撇下我不管，可良心上又不安，有时谈起我的教育，表示她要亲自安排。一想到天天和她接触，不知要受多少罪，我就不寒而栗。无人过问倒是我的福气，我乐于待在花园里玩石子，观察昆虫，仰望碧蓝的苍穹。人一孤独，固然好遐想，不过，我喜欢沉思却另有一段情由，而那个意外事件足以向您描述我幼年的不幸。我在家里是那么无足轻重，以致保姆经常忘记安置我睡觉。一天晚上，我静静地蜷曲在一棵无花果树下，怀着儿童所特有的强烈好奇心，以及早熟的忧郁所引起的一种通感，凝望着一颗星。

这件事就办妥了。他又动身回米兰。一个星期后，他决定经热那亚回法国。长期以来，他想参观意大利海岸，但怕在热那亚染上霍乱。一到这个城市，巴尔扎克不得不在一家医院里度过八天的隔离生活。他在这里认识了热那亚商人朱塞佩·佩齐，此人跟他谈起了撒丁岛有一个已废弃的含银的旧铅矿，开采这个矿可能获利。巴尔扎克忽然想明白了，这不是解决经济难题的好办法吗？开掘银子，这确是他所需要的。回法国后，他得问问卡罗少校，他过去是工程技术人员，想必会指明这些情报的价值。当然，最明智的办法是实地咨询当地老百姓。但是，隔离期完了，他坐"小火轮"不是到撒丁岛，而是到里窝那，接着到佛罗伦萨。然后，他又回到米兰，向朋友们辞行。巴尔扎克在零下25度的严寒下，穿过埋在厚雪中的圣·戈塔尔山口："桥梁折断在激流中，只见激流奔腾。虽有11位向导，我差点丧命。"

在离开巴黎两个半月以后，巴尔扎克于5月3日回到巴黎。于是，又得对付书稿、债务、写作计划。这里面，有两本戏剧的计划：《第一小姐》和《普鲁东的婚礼》。但是，他暂时放弃写作戏剧的尝试，觉得写小说更得心应手。不管通过什么手段，最主要是要挣到钱。他母亲很伤心地埋怨儿子把她忘了，而她周围的人谈起法国人最喜爱的作家花钱如流水，慷慨大方。1834年9月，他轻率地答应她母亲，从1835年4月1日开始，每季度给她200法郎以支付房租和佣人的工资。到1837年4月，已有两年补贴费没结清了。

叙维尔一家本想搞几个大工程项目，但总不称心如意，日子混一天算一天。洛尔有两个女儿要出嫁，还得维持已破了产的母亲的生活，哥哥奥诺雷才能卓绝，但挥霍成性，弟弟亨利是个庸才，多灾多难，这个小家庭看不到什么希望，她为此颇伤感。因此，家里人劝亨利回毛里求斯岛，那里可能找到饭碗。到潘博夫临上船时，他说已没钱付客栈费。叙维尔为救急，给了点盘缠，亨利消失在茫茫的大海中。

巴尔扎克周围的人和他自己都很倒霉，如果他没有作品要写，他真想跳到塞纳河自尽。但是，桌子上的笔墨纸张又使他想起该干的事，它们在鞭策着他，也是要活下去的动力和保证。他背了6万法郎的债，最紧要的事是避开执达吏。他得找个安全的藏身之处。可是他不知该躲到哪里，基多波尼·维斯贡蒂建议他隐姓，躲到她在香榭丽舍的住处去。

巴尔扎克感激涕零,立刻搬到她那里,并马上投入工作。他得完成《高贵的女人》一书,《新闻报》迫不及待地等他交稿,还得给阿方斯·卡尔领导的《费加罗报》《凯撒·比罗多》交付预件。此外,桌子上还有《甘巴拉》手稿,此书在埃弗拉的印刷厂大火后,在巴尔扎克旅行时,由奥古斯特·德·贝卢瓦重新编辑。他对这次改编不满意,要从头到尾改写。这次修改,除《甘巴拉》外,还有其姊妹篇《马西米拉·多尼》。除了《马西米拉·多尼》一书外,巴尔扎克用4天时间编写了《高贵的女人》(后来题名为《职员》)。正当巴尔扎克竭力设法兑现与报刊及出版商的合同时,威廉·达克德也并没有善罢甘休。那些负责抓不诚实的债务人的"商业警察"通过调查,已发现了香榭丽舍大街54号的新地址。基多波尼·维斯贡蒂已向佣人们传令:告诉所有的来访者,德·巴尔扎克先生不住在那里。7月初,有一个商业警察乔装成运输公司雇员来到他们的住处,说是给巴尔扎克先生带来价值6000法郎的包裹,要亲手交给收件人并签个字。佣人去征求当事人意见,巴尔扎克

※佛罗伦萨也曾留下了巴尔扎克的足迹

文坛拿破仑——**巴尔扎克**

想了个点子,从隐藏地点出来,以"巴尔扎克的朋友"出现在送信人面前。但是在接受包裹时,说话前言不搭后语,终于说出了自己的身份。这个商业警察立刻抓住了他的衣角,并向他宣布因3000法郎的官司判决逮捕,如不当场交钱就逮走他。他已无法逃走,房子也被警察包围。在这时,好心的萨拉进行了干预,尽管基多波尼·维斯贡蒂家自己也较拮据。和商业警察算清了债务,他们满意地走了。

这件事使巴尔扎克不仅灰心丧气,日暮途穷,而且已感到自己身体不佳,阵咳几乎使他健壮的身体像散了架似的。纳卡尔医生发现他的肺部有啰音。他将巴尔扎克送到萨谢的马尔戈纳处以便休息治疗。但巴尔扎克不是像人们嘱咐的那样停笔休息,而是快马加鞭卷起袖子猛干,以便完成《凯撒·比罗多》一书,他不愿半途而废。同时,他还在写《纽沁根银行》。

巴尔扎克在乡下享受安谧宁静,他照样惧怕返回巴黎,他怕债主的逼债,还有几乎是同样可怕的新闻记者们的骚扰。他最理想的是藏身乡下,又不时地能到首都寻开心。巴尔扎克此时想在郊区买一所简朴又舒服的房子,远离喧闹与找麻烦的人,好好地从事创作。

巴尔扎克考察了巴黎郊区,发现一处绿荫遍地、坐车离市中心不过一个半小时马车路程的村子——维尔·达弗莱。开始时,他以叙维尔的名义租了一套房子,1837年9月16日,他以4500法郎的价格,在雅尔迪地方从织布工人瓦尔莱手中买来一块地皮和一座房子。次日,他又购得毗邻的地皮,以后还有几小块地。2600平方米的地皮面积总共花了6950法郎。他想,叙维尔会在这里盖一座房子和修整纺织工人的小屋,一旦收拾好了,可以当基多波尼·维斯贡蒂家的别墅,他们会支付这笔款项。他以后会以写作的收入偿还它。这种友谊的职责激励了他的工作。

为了使离开巴黎有个说法,他说是搬家到塞纳·瓦兹省塞弗尔县凡尔赛区的维尔达弗莱。在他躲避国民卫队、执达吏和那些不好惹的新闻记者而藏到乡下时,他还不确信是否会定居在那里,或仅是个休憩寓所。这是最终的流放地抑或是短期度假地?这是要由他的小说或者读者来决定的事。不管怎样,有一点他是有信心的:他脑子里有这么多的选题,维尔·达弗莱的小屋的款项他很快能清偿,他要的是威尼斯、维也纳、凡尔赛的宫殿式住宅……

巴斯街

人们可能会认为，巴尔扎克的头脑里有一个臆想的世界，当真实生活中的事件与他本人无直接关系时，这个臆想世界是岿然不动的。然而实际情况并不是这样。

50个虚构的人物生活在一起，他最感兴趣的是他身边的那些人，他想和这些人交谈。可能，他有个秘密的愿望，有朝一日将这些人变成小说中的人物。对他来说，世界就像一座仓库，他可以从中得到天使和魔妖，赋予他的书以生命。

※雨果十分欣赏巴尔扎克

大债小债，统统逼上来了。到1840年6月，他共欠债务达26.2万法郎。最可怕的是皮埃尔·亨利，富隆提前支付的《伏脱冷》版税的5000法郎，还带高利贷利息。富隆知道巴尔扎克无力支付，威胁要扣押他的财产。首先，他要拿走雅尔迪的不动产。但是，在巴尔扎克躲到别处时，园丁路易·布鲁埃特向执达吏承认租给基多波尼·维斯贡蒂的楼房里的一切都是巴尔扎克家的；至于巴尔扎克的宅第，里面只有一些毫无价值的东西和乱七八糟的书。执拗的富隆愤怒至极，叫人扣押两座楼里的不动产。这一回，他无脱身妙计了。巴尔扎克在住所里受到围捕，想到该搬家。但

文坛拿破仑——巴尔扎克

是到哪里去？战斗街的住所靠不住。在富隆的恳请下，歪七竖八放在比松裁缝家的家具，能取走的取走，能卖的卖掉。剩下的，巴尔扎克叫人搬到帕西区的巴斯街19号的新址。房主是名叫艾蒂安·德西雷·格朗德曼的肉店老板。

150法郎，是以菲利贝特·路易丝·布勒尼奥小姐名义或布吕尼奥尔名义租用的。尽管郊区的这座小房子很舒适，但他还继续待在雅尔迪。然而，在他的头顶上，乌云密布。

这时期，巴尔扎克发狂似地写作《乡村教士》，按照他的意图，这本书描写的是"在文明面前的天主教士的懊悔"。

作为一个名副其实的作家，巴尔扎克对该书的情节也极为满意。他脑子里有个臆想的世界，他想把自己的理论应用到真实的世界里。《巴黎纪事》杂志的惨痛教训对他似乎还不足为训。他还想办一个杂志向广大的读者宣扬真理。阿尔芒·迪塔克办了《巴黎杂志》，还办了五六家报纸，他和巴尔扎克一起发起办这份新的刊物，这是一份定价为1法郎的124页的出版物。巴尔扎克独自一人承担编辑工作，不取报酬。作为交换条件，他与迪塔克分享赢利。迪塔克负责印制和发行。

巴尔扎克在《巴黎杂志》同样担负文学专栏工作，他利用这个专栏尖锐批评欧仁·斯克里布、亨利·德·拉图什，特别是对他所憎恶的圣伯夫。在一篇专栏中他竟写道："读圣伯夫先生的作品，令人

知识链接

《交际花盛衰记》节选

卖淫和偷盗是人的"自然状态"反对社会状态的雄性和雌性两种活生生的抗议。因此，哲学家、当今的革新家、人道主义者以及跟随他们之后的共产主义者和傅立叶主义者，他们没有料到会对卖淫和偷盗得出以上这样的结论。一些诡辩派书籍声称，盗贼并不否定所有权、继承权和社会保障，而是压根儿把它们取消。他们认为，盗窃就是重新占有自己的财产。在一些乌托邦书籍里，盗贼不否认婚姻，不谴责婚姻，也不要求这种双方自愿的，不能普遍推广的心灵的紧密结合。他们实行强制结合，强迫的铁锤把相互间的锁链不断扣紧。现代革新家写一些模棱两可、冗长啰唆、晦涩难解的理论，或愤世嫉俗的小说，而盗贼则见诸行动！就像事实那样清楚，就像拳头打出去那样逻辑分明，这是多么爽朗的风格！

厌烦，就像一阵细雨，最终穿透骨髓。"这个评语是对《欲情》的作者屡次加诸《高老头》的作者的讽刺挖苦的反驳。反之，他写了一篇过分赞扬司汤达和《巴玛修道院》的文章，文章写道："贝尔先生写了一本书，都闪耀着崇高思想。"他特别宣扬司汤达的才华，而他周围的人还未予重视。他也颂扬维克多·雨果，认为他是"十九世纪最伟大的诗人"，而傅立叶的思想和他的人格一样伟大。

《巴黎杂志》运气不佳，读者很少，只出了三期，于1840年9月寿终正寝。迪塔克和巴尔扎克得对付1800法郎的亏损。在新闻界新的失败使奥诺雷摔了个大跟斗。《伏脱冷》演出失败后，他脑子里肯定认为是各式各样的人物全都联合起来把他从楼梯上扔下来。他甚至连向韩斯卡夫人诉苦的勇气都没有了。她怎么能理解接连不断的厄运？1840年，他只给她去过6封信。他向她表示歉意，经常承认他连寄信的钱也没有了。由于债主不断逼债，他在雅尔迪已待不下去了，只好将这块房产当作赌注拍卖。这处房产只卖了1.75万法郎。而建筑费用连同地皮、种植花木、维修等，他总共花了10万法郎。

巴尔扎克在帕西，借用布吕尼奥夫人的名义，秘密租了一幢房子。房子位于山坡旁，主要大门在巴斯街19号，通向院子的入口在罗克小街。这里地面起伏不平，有暗梯从房间通向院子。这样，巴尔扎克的房间就有两个出口。这有个好处，当执达吏在巴斯街出现时，他就可以从罗克街的门逃走，溜到车站坐公共马车到王宫大街。巴尔扎克隐藏在这里感觉就像待在乡下一样。这儿地处巴黎大门口，有乡村景色，以温泉和公园著名。这里民风淳朴，环境安静。为了更好地隐姓埋名，巴尔扎克要求来访者得用暗号口令。他们到巴斯街19号按门铃，以适当方式向门房说明情况，要求见布吕尼奥夫人，然后走下两层阶梯，去见这位圣人中的圣人。

在巴斯街的陋室里，他在写好几本小说：《虚假的情妇》《两位年轻嫁娘回忆录》《邪恶事件》《于絮尔·弥罗埃》《搅水的女人》……他像杂技演员那样得心应手，从这本书稿跳到那本书稿，运笔如飞。

1841年10月2日，巴尔扎克与菲尔纳、埃特泽尔、保兰和迪博谢等书商签订出版全集的合同，总题目为《人间喜剧》。这个题目，他想了很久，是作为但丁《神曲》的一种辩驳。但是，这是第一次在合同中正式宣布用这个名字。在他看来，在这个

文坛拿破仑——巴尔扎克

有魅力的名称下,他所编的情节和创造的人物就会更突出,组合得更好,这在文学史上还是第一次。此次谈妥的物质条件很优厚,合同为期8年,每本书出3000册,版税提高到每册50生丁,立即提前支付1.5万法郎。不过现在,倒不是赢利的思想使他高兴,而是总名称为《人间喜剧》的巨著即将问世。当他拿定主意,一笔一笔地描绘广阔的社会画面时,就有勇气写下去。这部巨著10年前已经开始,这会儿却还未终止。

知识链接

《邦斯舅舅》节选

这个如今就剩他还穿着斯宾塞的人,不仅仅是帝政时代的象征,还昭示着一个巨大的教训,那教训就写在里外三层的背心上。他在免费告诉世人,那一称之为会考的害人致命的可恶制度坑害了多少人,他自己就是其中的一个牺牲者,那一制度在法兰西执行了百年,毫无成效,却仍在继续实施。

这架挤榨人们聪明脑汁的机器为布瓦松·德·马利尼所发明,此人是蓬巴杜夫人的胞弟,一七四六年前后被任命为美术署署长。

然而,请你尽量掰着手指数一数,一个世纪以来那些获得桂冠的人当中到底出了几个天才。首先,不管是行政方面,还是学制方面所做的努力,都替代不了产生伟人所需的那种奇迹般的机缘。在生命延续的种种奥秘中,唯此机缘是我们那雄心勃勃的现代分析科学最难以企及的谜。其次,据说埃及人发明了孵小鸡的烘炉,可是孵出了小鸡,却又不马上给它们喂食,那你会对此做何感想呢?可是,法国人的情形恰恰如此,她想方设法用会考这只大暖炉制造艺术家。但一旦通过这一机械工艺造出了雕塑家、雕刻家、画家、音乐家,她便不再把他们放在心上,就像到了晚上,花花公子根本就不在乎插在他们衣服饰孔里的鲜花。

真正的才子倒是格勒兹、华托、弗利西安·大卫、帕尼西、德冈、奥贝尔、大卫(德·昂热)或欧仁·德拉克洛瓦那些人,他们才不把什么大奖放在眼里,而是在被称为天命的那轮无形的太阳照耀下,在大地上成长。

西尔凡·邦斯当初被国家派往罗马,本想把他造就成一位伟大的音乐家,可他却在那儿染上了对古董和美妙的艺术品极度热爱的癖好。

《人间喜剧》

为了以题名《人间喜剧》出版巴尔扎克全集，埃特泽尔要求有一篇未发表过的序言。巴尔扎克先是求夏尔·诺迪埃写，他因为太疲劳，没有应允。他也求过乔治·桑，她也躲开了。巴尔扎克建议重印费利克斯·达万过去为《哲学研究》和《风俗研究》写的序言。但是埃特泽尔希望这部著作是作者自己签名的前言，一篇启发写这巨著思想的卷首声明。埃特泽尔向巴尔扎克申明："不能重印以达万署名的序言。像我们全集版本这样重要的事在篇首用这样的序，效果不好……您的全集版本，对您的作品来说是件大事，面向读者公布时在卷首没有您自己写的东西，这是不行的。这样的话，就像是被您这位父亲抛弃了的，好像是不被承认的儿子，至少是被作者所忽视……写吧，我的祖师爷……您看怎样，我们出版您的作品，第一次用这样的总题目《人间喜剧》。而第一行

※巴尔扎克是以其作品换取生存的财富

这样写：我将我的全集用这个名字（《人间喜剧》）理由是这样，等等，等等，您就开动机器吧，我们是轮子，当蒸汽机吧。"

巴尔扎克被埃特泽尔的论点所折服，动手写作。在这洋洋洒洒26页的前言中，他发挥了他那种保守派和宗教的信条，而且还希望这种信条能得到罗马枢密团的赏识。枢密团将他的作品归于禁书目录单，而那些正统派人士也在报纸上攻击他。他在前言中说："唯一可能的宗教是基督教。基督教造就了现代各民族，并将保护它们……我是在两种永恒的真理，即宗教与王权的照耀之下从事写作的。当今发生的种种事件，都表明了这两者的必要性，一切有理性的作家，都应当努力把法国引导到这两者所体现的必然方向……事事都进行选举，那就会产生一个由乌合之众掌权的政府，它的专制暴政将会变得无边无际。"

1842年1月5日，他收到艾芙琳娜一封带黑色封蜡的信：万斯拉·韩斯基于1841年11月10日逝世。这个死讯，他等待已久，使他像渎圣般欢快，尽管很不道德。如何对未亡人说，他既为她感到悲伤，又为他们俩感到喜悦？对这个正直的人的死，他等了很多年，他的存在是他们结合的障碍，现在道路畅通了。艾芙琳娜将属于他，或差不多要属于他。但是，在这种情况下，表达方式要有分寸。他在写复信时，笔在墨水瓶里转了7次："亲爱的宝贝儿，尽管这件事使我达到了我强烈地想了快10年的愿望，但当着您和上帝的面，说句公道话，我内心里向来只是完全听命，即使在我最难忍受的时候，也从没有什么坏念头。有时也有些身不由己的感情冲动。我跟他真是命薄。对爱，对亲爱的人都感到没有信心，没有希望。这两种动力都被教会认为是品德，在我的斗争中一直支撑着我，但是，您向我说的事我也觉得是遗憾……然而，过去我也知道，我能敞开心扉给您写信，跟您讲我保持沉默的事，确实高兴。"

确实，在韩斯基生前，巴尔扎克在书信中是保持某种节制的，怕的是书信会被他看到。今天，他可以自由书写，这是第一个好处，是争取与艾芙琳娜在一起的决定性一步。在失去丈夫的悲痛中，她的感受比巴尔扎克所猜想的更为严重。韩斯基固然年事已高，但和蔼可亲，善解人意，还牢牢地管理着庄园。她得对付这个持敌对态度的家族挑起的重重困难。万斯拉·韩斯基给她留下了一笔可以终身享用的财富,但还有一个被巴尔扎克称作"泰梅朗"的尖酸刻薄的叔叔夏尔·韩斯基,他反对她占有死者的财产。俄罗斯皇家政府对乌克兰的波兰贵族绝不手软。办事稍有差错,一切都将失去。她说,在这些讨厌的利害关系问题解决以前,巴尔扎克不能到俄罗斯去。这不仅不会在她遭到不幸时帮什么忙,反而会给她带来麻烦,社会和沙皇本人都会有看法。艾芙琳娜受到闲言碎语的威胁,惶恐不安,坚决要求他把她的信收藏好。如果他突然死了,绝不能让别人用这些信来对付她和她的女儿安娜,她要不惜代价维护监护权。

艾芙琳娜处境微妙,她得对付不择手段的继承人和不怀好意的法官们,巴尔扎克也为此很难受,他很少写作,兴致来时偶尔为之。她的信一封又一封,他等着她叫他到俄罗斯去。他确信在此期间,可攒足钱到俄罗斯待上几个月。他再次转向戏剧舞台,希望能出现奇迹。维克多·雨果为了鼓励他,认为不是在出版界而是在戏院里能捡到金蛋,但得尽快"孵"出一出能吸引观众的剧本。巴尔扎克相信这一

※雨果博物馆内的雨果塑像

文坛拿破仑——巴尔扎克

点,他向奥德翁剧院交了一本西班牙风格的喜剧《基诺拉的财源》。

3月19日,该剧第一次演出,剧院座空了一半。虽然巴尔扎克不礼貌的措施刺激了奥德翁剧院的常客,但并没有扰乱秩序。不久,一帮拿了赠票和雇来喝倒彩的人蜂拥而至,挤满了本来观众稀少的剧场。嘘声和喝倒彩的声音压倒了演员的声音。鼓噪之声震耳欲聋,巴尔扎克羞愧难当,简直要发疯了。这是在大庭广众之下打他屁股。报纸上发表了一些严厉的批评文章。在演出第19场后,该剧从海报中消失了。该剧并不坏,换上另一个名字,也许还会走红。

俄罗斯之梦远离了。紧迫的事是出版几本新小说以补偿《基诺拉的财源》没挣到的金钱。一旦到了俄国,那就有足够的时间让艾芙琳娜决定婚姻大事。为什么她还保持沉默?这一回,他盼望已久的书信来了,他扑到信上。这不是一封热诚的邀请信,巴尔扎克很坦然地称之为"冷若冰霜"。艾芙琳娜向他宣布:"您是自由的。"她不跟他谈情说爱,也不谈旅行和辉煌光彩的婚姻,而是讲乱七八糟的事,讲她的女儿安娜(此时已14岁),她要尽力照料女儿,也谈到可憎的"罗莎莉姑妈"(实际上是堂姐),她向艾芙琳娜建议法国人不可信。巴尔扎克宣称,这位"罗莎莉姑妈"是他的死敌。

通信在继续,韩斯卡夫人的信件是腼腆和谨慎的,而巴尔扎克的信是狂热的、迫不及待的。巴尔扎克并不明白,她在俄罗斯得考虑家人的意见,他们认为跟一个负债累累的作家结合是低就的婚姻。如果她和一位没有财产的、不般配的人再婚,别人是否会领走她所钟爱的女儿?如果她在巴尔扎克的再三追求下顺从了,他是否会在分别7年后,觉得她年华已逝,成为老太婆了,而在巴黎沙龙里,有那么多年轻和漂亮的姑娘们围着他转。总之,与一个政治观点有问题、来自法国的文人保持亲密关系的事如果让人知道了,就要冒败诉的危险。他所爱的女人将成为那些找茬者的牺牲品,为了忠于她,去救她,他考虑离开法国,改变国籍,为什么不这样做呢?

他之所以愿意远居他乡,是因为《基诺拉的财源》一剧演出失败后,他已对祖国的读者、公众和文学批评家失去信心。国籍算得了什么?这不过是众人间的惯例而已。当他来到国境线外时,他想,思想与心灵的认同比语言、土地的亲近更为重要,比起这个抛弃他的出生地,伸开双臂迎接他的外国更值得他前往。与其在法国

※圣彼得堡的宫廷阻碍了巴尔扎克的跨国之恋

叫人鄙视,倒不如到受到尊重的俄国更为愉快。当一个法国作家,不如当一个世界性作家。

尽管《基诺拉的财源》一剧在巴黎演出失败了,但它在圣彼得堡或莫斯科也许会获得成功,谁知道呢?抛开种种忧虑,他又发疯般、狂热地投入书稿写作当中,只有这些书稿才能给他支付差旅费。他告诉韩斯卡夫人,他刚完成了《杜鹃之旅》(最后定题为《生活的开端》),这是从根据他妹妹洛尔的女儿叙述的故事写成的短篇小说中提取的材料写成的。他已隐约可见

《阿尔贝·萨瓦吕斯》趋于完工,而报纸要他写《农民》,他还费劲地写《哥儿俩》……"这真叫我不知所措。啊,什么时候您能来,什么时候能得到安宁。为了幸福而要痛苦来培训,在这方面,没有一个人能跟我相比。"

不久以后,他感到很疲劳,眼皮神经直颤抖,使他很难受,怕是某些神经性疾病的预兆。他应该充分休息,但他办不到,还得工作。他请纳卡尔医生来诊治,说是"心脏大脉管梗塞",并从中发现他多次昏厥的原因。巴尔扎克很不安,同意卧床休息两星期。他为的是能挺到前往俄罗斯,与艾芙琳娜相见。

文坛拿破仑——巴尔扎克

走 向 死 神

第二天早上，纳卡尔医生匆忙来到巴尔扎克的身边。眼前的这个纳卡尔医生过去认识的体魄健壮、生龙活虎的人已成为一个消瘦的可怜的人，面色苍白，目光黯淡，呼吸急促。他被这种突然的衰老状况吓坏了，叫来了三个著名的同事：皮埃尔·亚历山大·路易、菲利贝尔·约瑟夫·鲁和富基耶一起会诊。5月30日，他们一起开出药方，采用放血疗法：放血、水蛭、拔火罐，再加泻药和煎绊脚草。病人忌食刺激性饮料，忌吃喝冷食，禁止激烈活动和长时间说话，不能激动和剧烈活动。艾芙琳娜经常守护在丈夫身边，监视着别人对他的治疗。在这种逆境中，她表现得很勇敢和冷静。巴尔扎克由于视力越来越差，已不能写字。他口授妻子写信，自己用颤抖的手签名。6月4日，他还有点劲，叫来了公证人戈萨尔，签订一份婚约，约定在一方去世时，将全部财产赠予对方。这个决定减轻了他对妻子前途的恐慌心理。他坚信吉祥街的房子和其艺术品价值巨大。此外他还坚信，有纳卡尔医生的药品，有艾芙琳娜的爱，有福星高照，

※巴尔扎克墓碑

他能摆脱疾病。他还愉快地回想起一个女预言家的预言，她过去向他保证，他在50岁时会生严重疾病，但是他能活到80岁。在完成他的作品前，上帝也不愿他离去。因为，他脑子里还有很多题目可丰富《人间喜剧》。6月7日，艾芙琳娜觉得巴尔扎克的病情有所好转，很是高兴，她在给女儿的信中说他治疗的效果不错。他的气管炎好了，眼睛能看到东西了，也不昏厥了，气喘虽还在继续犯，但已越来越少了。

既然巴尔扎克没法走动，艾芙琳娜就不能离他左右。于是老巴尔扎克夫人来看他们。两位妇女的会面显得有点不愉快。她们之间无相互理解可言，也难以理智地相互亲切交谈。即使因为巴尔扎克的病，也不仅不能使她们接近，反而使她们疏远。

一天，家庭成员都非常惊奇，共和国总统路易·拿破仑亲王关切地询问了巴尔扎克先生的健康。但这个官方的问候当然不足以治愈病人。奥古斯特·瓦克利和保罗·默里斯去看望他，发现他半躺半卧在一张大安乐椅上。

艾芙琳娜充当卫士以使丈夫不过多受到打扰。因而，她拒绝接待泰奥菲尔·戈蒂埃，怕丈夫谈话过多而累着了。巴尔扎克口授一封书信给"好友泰奥菲尔"，对不能接待他表示歉意。信笺落款由艾芙琳娜签字，巴尔扎克涂了几个难以认清的字："我没法看也没法写。"这是6月20日的事。再过两天，他的病又复发了。

7月初，巴尔扎克的健康情况更糟糕了。6日，一个来出诊的医生碰到维克多·雨果时私下说："他活不过6个星期。"9日，纳卡尔医生诊断是腹膜炎。由于艾芙琳娜的开导，巴尔扎克接受了喝药水、灌肠、用柳叶刀、用水蛭疗法，他什么也没有拒绝。他看到她如此尽力，又恢复希望。他甚至对病态的肿胀开玩笑，要写成小说，到那时候他要好好地写并交付出版。到7月18日，他接待了友好的、神情严肃的、精神焕发的维克多·雨果的拜访。

纳卡尔医生开了处方，可能由于这些药，巴尔扎克的病情很快恶化。他周围的亲人傻眼了。医生认为肚子和腿的水肿是"含蛋白质的"，求助于穿刺。

医治肉体的医生无能为力，那就找医治灵魂的医生。奥苏尔院长是圣·菲利普·杜·鲁尔的教士，教堂的主持，他对巴尔扎克很亲近，亲自来看望他。他们俩长时间密谈，但巴尔扎克病情并未因此减轻。他痛苦得很，精神也难以得到

文坛拿破仑——巴尔扎克

※ 巴尔扎克位于巴黎拉雪兹神风公墓的墓地

8月18日,不是皮安训,而是艾芙琳娜通知奥苏尔院长于上午9点来到臭气熏天的房间里。巴尔扎克还能听到教士的说话,他用目光对安慰的语言表示感谢。在接受最后敷圣油圣事后,他已昏迷不醒。下午,维克多·雨果夫人来打听消息,雨果本人乘车到吉祥街。他认为有职责向一位与他同等光荣的作家作最后的告别。泪流满面的仆人把他带到安放着有巴尔扎克大理石胸像的房间里。另一个女人,可能是看门人,突然走来并低声地说巴尔扎克快死了,夫人已回屋,医生们昨天就不管他了。

艾芙琳娜已疲惫不堪,在重新承担照料垂危病人的角色前已回房休息。可能是由于她累垮了,在巴尔扎克临终时刻,她不在他身边。

门卫和佣人站在床铺的两边。一股令人恶心的臭味从直挺挺的、一动不动的躯体里散发出来,人们会提出问题,他是否还有生命的光芒?雨果揭开了被子,抓住了巴尔扎克的手。这只手毫无生气,沾满了汗。

他轻轻地握了握手以表示友好。巴尔扎克对握手没有反应。门卫喃喃地说:"天快亮时,他将死去。"雨果还写道:"我走下楼梯,脑子里是那副发青的面孔。在

慰藉。8月5日,他刚一挪动,就碰到了家具,伤口便血流如注。

然而,由于动脉炎引起的坏疽已伤及组织。床上散发着臭气。纳卡尔医生用天仙子和洋地黄药水,建议打开门和窗户,将药水撒在"停尸房"的各个角落。如果说医生胆敢说"停尸房",那是他已不存什么希望。巴尔扎克已处于谵妄状态,上气不接下气。他已不知道自己是在这个世界上还是在《人间喜剧》的世界里。有人说,在他失去知觉以前,他求救于他作品中一个臆造出来的医生,他在喘气时重复地说"皮安训能救我"。

穿过客厅时,我又看到那一动不动的、没有表情的、高傲的、隐约闪光的大理石胸像,我把死亡比做永垂不朽的象征。当我回到家里时,那已是星期天,有几个人在等我……我告诉他们,欧洲将失去一个伟大的才子。"

巴尔扎克再也没有恢复知觉,在维克多·雨果拜访后不久,即1850年8月18日晚11时半咽气。他活了51岁3个月。画家欧仁·吉罗在死者的床上画了一幅色彩画。他面容平静,几乎是含着笑容。模塑家马尔米尼亚要在他脸上做一个模型时,但他的皮肉已经腐烂,只好放弃,只做了手的模型。

家里一片沉寂。在办丧事时,艾芙琳娜不由得想到在房间躺着的这具聪明的尸体和巴尔扎克妙笔生辉的幻想的世界中的栩栩如生的众生灵。在他短短的一生中,他什么都想要:光荣、爱情和财富……在他顽固的折腾中,现在还留下什么?留下了一个不知今后如何行事的寡妇,一座宽敞的私人宅第,一些将要拍卖的高档家具,还有一部不朽的著作《人间喜剧》。这位渴望人间欢乐的作家,只是在脑力游戏中获得成功。他非常关心职业生涯中的物质条件,最后,物是人非,这些物质享受也随之逝去,难以传于后代子孙。突然,这座吉祥街的庞大建筑就像是难以忍受的建筑物,为她而设计。她自忖,巴尔扎克为这一切费了多少心血,现在这一切与它真正的命运均化为乌有。她更爱的是这位在生活中经常受欺骗的人,而不是在他作品中的人物。

堂区教士得到书面准许,将巴尔扎克的灵柩在博容区的圣尼古拉教堂停放两天。8月21日,星期三,上午11点,葬礼在圣·菲利普·杜·鲁尔教堂举行,仪式很简朴。在黑地毯上,既没有正式标志,也没有旗帜,没有军乐,也没有穿制服的士兵。但是在众多的出席葬礼的人群中,有作家、新闻记者,还有朋友,以及为死者作品排字的排字工人。在灵柩台前,内政部长朱尔·巴罗什站在维克多·雨果身边。做弥撒时,他跟诗人低语:"这是位杰出人物。"诗人回答说:"这是一位天才。"

送殡行列是属于第三等级的。队伍穿过巴黎街道,朝拉雪兹神甫公墓行进。天上飘着细雨,后来雨停了。雨果和大仲马牵着银色的引棺索。在公墓的墓穴前,在宗教的冥思中,雨果发表了讲话,人们洗耳恭听。在他讲话时,土块从坑壁上掉下来,掉在棺材上,发出

※ 长眠在拉雪兹神甫公墓的不仅有巴尔扎克，还有莫里哀、肖邦等。图为肖邦墓

沉重的声响。人们以为是死者从坑底对恭维的回答。雨果说："大家为刚才入土的人送葬并痛惜他的去世。德·巴尔扎克的名字会光辉永存，万世流芳……巴尔扎克是最伟大的人物之一，也是最优秀的人物之一。他的所有作品构成了一本光辉照人、生动地深刻反映真实生活的书，人们可以看见人物来来往往，行走活动。使我感到十分惊奇和了不起的是，它包含了当代的文明，十分奇妙，诗人取名为《人间喜剧》，它也可以称作为历史……这本书是观察和想象的产物，里面充满真实、亲切，有布尔乔亚，也有平民和真实事物。通过活生生的现实，让人们看到最阴沉的和最悲剧性的思想。这本高尚的、有力的和雄浑的作品是由花岗石堆砌而成的，是一座纪念碑。这部作品将闪耀着他的英名。伟大的人物立下自己的基石，它将承受他的塑像。啊，这位永远不知疲倦的巨匠，这位哲学家、思想家、诗人和天才曾生活在我们中间，在这种充满暴风骤雨、角斗、争吵和斗争的生活

中，他也和所有大人物一样，像所有时代一样，都曾生活在其中。今天，他平静地离去了。他离开了争执和仇恨。他在进入坟墓的同时，也获得了光荣。"

大多数报刊都报道了巴尔扎克去世的消息，但不屑于分析他的作品。只有巴尔贝·多勒维里在8月24日的《时装》杂志上发表了感人的文章："巴尔扎克的去世是知识界的真正损失，在当代所有的哀悼去世的人物中，只有拜伦爵士的去世可以与之相提并论。"相反，圣伯夫在9月2日《宪政报》题为《星期一》的文章中，虽然违心地承认巴尔扎克作品的成就，但对"这种经常是不痛不痒、软弱无力的笔调，以及那种玫瑰色的、外露的色彩"的坚持表示遗憾。他不否认作者多产，拥有"奇妙的才能"，但他告诫读者对他的尊敬"不应超过允许的限度"，不要因此受迷惑。

艾芙琳娜或多或少是在诚挚的吊唁浪潮中度过，又过起颇自在的寡居生活。对她来说，吉祥街的住宅显得宽广空荡和不吉利，她不知如何使用她的时间和思想。艾芙琳娜在接受1847年遗嘱赠与及1850年6月4日巴尔扎克生前的赠与后，委托奥古斯特·费萨尔清理继承问题和解决最伤脑筋的债主。她首先关心的事是给婆婆终身年金3000法郎，这是巴尔扎克制定的。她甚至同意婆婆暂住吉祥街。她俩相处得还不错，都尽力避免产生矛盾，都对亲爱的奥诺雷崇敬备至。

在巴尔扎克已经消失的世界上，遗产继承问题、债务的困扰、爱情的狂热、落空的宏愿、利益的诱惑、丧事、喜事、家庭争吵等等，都在继续。好像这个真实的世界正在笨拙地模仿巴尔扎克创造的臆想世界。如果巴尔扎克能够活得更长，无疑会从亲人们的经历中汲取材料，为他的《人间喜剧》写一个悲剧性的、可笑的续篇。

※雨果和巴尔扎克是法国文坛的巨星